MÚSICA E SAÚDE

Dados Internacionais de Catalogação na Publicação (CIP)
(Câmara Brasileira do Livro, SP, Brasil)

Música e saúde / organização por Even Ruud; [tradução de Vera
Bloch Wrobel, Glória Paschoal de Camargo, Miriam Goldfeder]. –
São Paulo : Summus, 1991.

Bibliografia.
ISBN 85-323-0058-8

1. Musicoterapia 2. Saúde I. Ruud, Even.

91-0407
CDD-615.85154
NLM-WB 550

Índices para catálogo sistemático:
1. Música e saúde : Perspectivas terapêuticas   615.85154
2. Musicoterapia   615.85154
3. Saúde e música: Perspectivas terapêuticas   615.85154

Compre em lugar de fotocopiar.
Cada real que você dá por um livro recompensa seus autores
e os convida a produzir mais sobre o tema;
incentiva seus editores a encomendar, traduzir e publicar
outras obras sobre o assunto;
e paga aos livreiros por estocar e levar até você livros
para a sua informação e o seu entretenimento.
Cada real que você dá pela fotocópia não autorizada de um livro
financia o crime
e ajuda a matar a produção intelectual de seu país.

MÚSICA E SAÚDE

Even Ruud ORGANIZADOR

Do original em língua inglesa
MUSIC AND HEALTH
Copyright © 1986 by Norsk Musikforlag A/S, Oslo, Noruega
Direitos desta tradução adquiridos por Summus Editorial

Tradução: **Vera Bloch Wrobel**
Glória Paschoal de Camargo
Miriam Goldfeder
Revisão técnica: **Lia Rejane Barcellos**
Capa: **Isabel Carballo**

Summus Editorial

Departamento editorial:
Rua Itapicuru, 613 – 7º andar
05006-000 – São Paulo – SP
Fone: (11) 3872-3322
Fax: (11) 3872-7476
http://www.summus.com.br
e-mail: summus@summus.com.br

Atendimento ao consumidor:
Summus Editorial
Fone: (11) 3865-9890

Vendas por atacado:
Fone: (11) 3873-8638
Fax: (11) 3873-7085
e-mail: vendas@summus.com.br

Impresso no Brasil

Sumário

Introdução — *Even Ruud* 7

Discurso de abertura. Simpósio "Música e Saúde"
Lars Roar Langslet 11

Do silêncio à fala
Unni Johns 15

Um mundo de som e música
Claus Bang 19

Musicoterapia na educação social e na psiquiatria
Isabelle Frohne 35

O cérebro por trás do potencial terapêutico da música
Hans M. Borchgrevink 57

Percepção, contato e comunicação corporal
Christopher Knill e *Marianne Knill* 87

Música, tempo e saúde
Albert Mayr 95

Categorias de respostas em improvisação clínica
Tom Noess 107

O ouvido à escuta da música
Alfred A. Tomatis e *Jacques Vilain* 113

**Pesquisa realizada na Grã-Bretanha sobre os efeitos da
musicoterapia em crianças portadoras de deficiência**
Leslie Bunt 133

A importância da música e de atividades estéticas no desenvolvimento geral da criança
Bertil Sundin 143

Música e saúde na sociedade pós-moderna
Hans Siggaard Jensen 157

Música como um meio de comunicação
Even Ruud 167

Colaboradores 175

Introdução

Ajudar pessoas que recorrem a um simpósio ou a um livro que trate de música e saúde em busca de diferentes abordagens configura-se tarefa árdua. Esse é o caso da apresentação dos artigos e trabalhos apresentados no simpósio "Música e Saúde", realizado de 4 a 6 de novembro de 1985 em Oslo, Noruega.

Entre as pessoas interessadas em um assunto como "música e saúde", encontramos tanto o especialista cuidadoso, professor de educação especial, carente de conceitos novos aplicáveis às crianças, quanto participantes de orientação mais teórica, que consideram a musicoterapia como parte da contínua discussão estética, sociológica ou psicológica sobre a música.

Este livro deve atender a todos os grupos interessados.

O simpósio no qual esses trabalhos foram apresentados foi planejado para reunir essas pessoas. Mas foi também planejado com a esmerada e definida intenção de colocar musicoterapeutas no exercício da profissão em contato com teorias direcionadas à música e à saúde em geral, e vice-versa. E foi também planejado com o objetivo de trazer a musicoterapia de volta ao pensamento predominante não apenas sobre música, mas também sobre a questão geral da saúde na sociedade.

Um dos principais motivos que levaram à organização desse simpósio foi a vontade de trazer à nossa lembrança a forte tradição existente na história cultural européia no que se refere à utilização da música associada a um enfoque médico e de saúde. No Ano Europeu da Música, pareceu importante não apenas focalizar nossa rica tradição e nossa vida musical, como também cuidar de conceitos aparentemente esquecidos por longo tempo. Esses conceitos foram recentemente revitalizados e colocados em prática por uma nova geração de musicoterapeutas e por um novo interesse pelas funções psicológicas da música.

Esse fato significa que nesse Ano da Música (1985) achamos adequado não apenas reverenciar nossos grandes compositores ou a rica tradição musical que nos pertence, como lembrar outra grande tradição em nossa história da música e da cultura: o conceito de que deve haver alguma ligação entre música e saúde.

Numa época em que enormes quantias são aplicadas na saúde e no bem-estar social e em que a situação da saúde de nossa população, de modo geral, não parece estar melhorando, percebe-se o quanto é importante repensar a questão integral da saúde.

E o fato é relevante em épocas nas quais a iniciativa privada da área médica e a indústria parecem centralizar sua atenção mais na cura das doenças do que na profilaxia — um trabalho certamente não tão rentável de preparar o terreno para a saúde.

Nesse novo conceito de saúde prestes a emergir, teremos que situar a questão "ser humano e saúde" em sua totalidade, observando o ser humano não apenas como uma criatura física ou biológica, mas como uma pessoa e um membro da sociedade, um ser biológico e psicológico que é influenciado pelos fatores econômicos e decisões políticas, uma pessoa apta a influenciar essas mesmas decisões políticas.

Para criar esse novo conceito de saúde, talvez tenhamos que repensar os antigos conceitos da dietética — a série de regras da existência que já foi tão importante em nossa história da medicina.

A música pode vir a representar um importante papel dentro dessa série de regras de existência. Ao definir esse papel da música em tal contexto, não precisamos voltar na história, mas apresentar a musicoterapia da maneira como ela se desdobra em nossa sociedade industrializada contemporânea. Os tópicos e palestras foram selecionados com esse objetivo e, conforme se perceberá, têm um amplo alcance, pois incluem resultados, métodos e reflexões sobre os diferentes modos de trabalhar com música em terapia, mas também reflexões gerais sobre a natureza da música, da saúde e da comunicação e o lugar e o papel da música na sociedade contemporânea. As posições teóricas e filosóficas mais representativas estão aqui incluídas, conforme se perceberá.

Sem o apoio de diversas pessoas e organizações, esse simpósio e a publicação desses trabalhos não teriam sido possíveis. Em primeiro lugar, desejo agradecer a Reidun Berg, presidente do Comitê Nacional pelo Ano da Música, que achou válida a idéia do simpósio, obtendo em seguida o apoio financeiro necessário, inicialmente do Conselho Europeu ou, para ser mais específico, do Comitê pelo Ano Europeu da Música e do Ministério de Assuntos Culturais e Científicos da Noruega. Desejo também agradecer a Kari Lilleslatten, que ajudou a cuidar de inúmeros detalhes relacionados ao simpósio.

Quanto à organização deste livro, desejo agradecer a Kristin Elster, que cuidadosamente eliminou a maioria dos erros (assim esperamos) dos originais, e a Leslie Bunt, que se incumbiu da impossível tarefa de adaptar a sintaxe alemã e escandinava à língua inglesa.

Even Ruud
Oslo, novembro de 1985

LARS ROAR LANGSLET
MINISTRO DE ASSUNTOS CULTURAIS E CIENTÍFICOS

Discurso de Abertura
Simpósio "Música e Saúde"

O tema deste simpósio é "Música e Saúde", o que logo suscita algumas dúvidas: seria o simpósio uma tentativa de justificar a audição de música como um equivalente contemporâneo à ingestão de comida biodinâmica? A atividade musical seria apresentada como uma alternativa ao *jogging*?

Nesses últimos anos, muitos ativistas do setor cultural se propuseram a provar que arte e cultura são *úteis* no sentido de conduzirem a algo mais do que simplesmente ao prazer, à reflexão ou aos sentimentos catárticos normalmente associados à vivência da arte. Afirmam, por exemplo, que arte e cultura estimulam o crescimento econômico e podem ser utilizadas para promover a exportação industrial a outros países. Então, por que não se afirma que a experiência cultural conduzirá à saúde física e espiritual?

Não estou aqui para argumentar o contrário — tal afirmação pode, naturalmente, ter a sua verdade. Estou certo, no entanto, de que esta não é *a* razão mais importante para se apoiar arte e cultura. Ao perceber, portanto, que tal afirmação não foi feita pelos competentes organizadores deste simpósio, fiquei feliz. Sem dúvida, o objetivo aqui é simplesmente examinar os vários vínculos entre a música e o bem-estar físico ou mental de uma pessoa. Tais relações certamente existem, conforme pode ser atestado por qualquer pessoa que tenha assistido a alguma apresentação de um conjunto de *rock heavy metal*. A música pode nos fazer mal fisicamente, pode nos irritar — mas esses casos são exceções. Na maioria das vezes, a música au·

menta nosso bem-estar, capacita-nos a relaxar, estimula o pensamento e a reflexão, proporciona consolo e nos acalma, ou nos torna mais energizados, nos leva a sair do lugar e ir à luta. Ilustrando o último exemplo, citemos o americano Willie Banks, que se especializou em salto triplo e que utiliza a música do seu *walkman* como parte de seu treinamento. Lembremos também que Platão, em seu plano para uma república perfeita, enfatizou o papel da música na educação dos jovens cidadãos. Penso que Platão não recomendaria o tipo de música preferida por Willie Banks, mas, por outro lado, os objetivos que tinha em mente eram diferentes. Hoje em dia, percebemos que a música ocupa um espaço não apenas na educação geral das crianças, como também nos projetos de educação especial, como um meio de alcançar pessoas com as quais dificilmente podemos nos comunicar pelas vias tradicionais.

A música sempre teve sua importância como um meio de expressão, uma alternativa à fala. No mundo atual da eletrônica moderna — de *compact discs*, *ghetto-blasters* (radiogravador estereofônico portátil) e distorções sonoras —, a importância da música tem atingido proporções gigantescas, especialmente entre os jovens. E, quando um fenômeno cultural é tão grande, é muito natural que se estudem seus efeitos — ou a maneira como podem ser utilizados — em outros aspectos da existência, inclusive a saúde. Estou convencido de que a música se reveste de grande importância em nossa herança cultural — importância maior do que geralmente é retratada nos estudos padronizados da história da cultura ocidental. A tradição nos inclina a superestimar a dimensão intelectual dessa herança, traduzida em conceitos verbais que se constituem nas ferramentas do pensamento sistemático, da filosofia e da ciência, e na sua aplicação tecnológica. A música está enraizada nas camadas mais profundas de nossa personalidade, onde percepções sensoriais, sentimentos e pensamentos se integram. A música é uma linguagem tão valiosa quanto a linguagem das palavras e conceitos, e o trabalho de Bach e Mozart é tão valioso em nossa herança cultural quanto o de Dante e de Spinoza.

Estou também convencido de que a receptividade à música deve ser considerada um elemento importante na definição de uma personalidade. Essa afirmativa, que não tentarei justificar nesse momento, pode ter algum significado na nossa temática — as relações entre a música e a saúde.

Este simpósio se realiza sob os auspícios do Ano Europeu da Música de 1985. De todos os diversos "anos" dedicados a causas válidas, penso que o Ano da Música tem sido um dos mais bem-sucedidos. Os inúmeros concertos e apresentações organizados têm proporcionado um retorno imediato, mas estou certo de que também têm provocado um efeito a longo prazo, estimulando o interesse pela boa música nas suas diferentes categorias. Espero que esse simpósio obtenha sucesso semelhante, fornecendo uma melhor visão de alguns efeitos da música. É para mim uma grande honra e um grande prazer declarar este simpósio aberto.

UNNI JOHNS

Do Silêncio à Fala
Estudo de caso de uma menina com mutismo seletivo

Tamara estava com oito anos de idade quando comecei a atendê-la. Foi admitida na escola aos sete anos, sendo que nos quatro anos precedentes não falava com ninguém, a não ser com a mãe. Seu problema foi diagnosticado como mutismo seletivo.

Seu corpo se apresentava muito rígido e os movimentos eram lentos. As mãos e o rosto estavam cobertos por erupções avermelhadas, e ela costumava se coçar com força e lentamente. Tinha pouca ou nenhuma expressão facial ou corporal. Nas primeiras tentativas de estabelecer contato, ela se enrijecia e lágrimas caíam de seus olhos. Ao chegar à escola especializada, sua inércia tornou difícil descobrir suas habilidades em qualquer situação que envolvesse testes, brincadeiras ou atividades.

A mãe informou, na entrevista, que Tamara tinha dois irmãos bem mais velhos. O pai se ausentava com freqüência em função do trabalho, e por isso as duas passavam muito tempo sozinhas. De acordo com a mãe, Tamara a "tiranizava" e exigia sua atenção total. Havia um piano em casa, e Tamara gostava que a mãe tocasse e cantasse para ela. Suas músicas preferidas eram *Mikkelrev* e *Lisa gikk til skolen*, duas melodias norueguesas infantis extraídas de um livro de cantigas que falavam de ser triste e diferente.

Durante as primeiras sessões semanais de música com Tamara, meu objetivo principal era trabalhar com a aceitação e a consciência. Eu queria que ela se aceitasse na situação.

Compus duas músicas para esse período de "estabelecimento de contato". A primeira era uma "cantiga de saudação": "Conheço uma menina. Ela está sentada aqui, ao meu lado, e é a Tamara Wing. Posso ver que você está aqui".

A última frase musical era uma melodia ascendente que, segundo minhas expectativas, pudesse criar "apoio" emocional e suspense.

A segunda música era também uma declaração de respeito e aceitação pelo seu silêncio: "Estamos sentadas aqui tranqüilamente. Sei que você está aqui. Você sabe que eu estou aqui".

A música também a distinguia na situação e se desdobrava para "Estamos tocando juntas tranqüilamente". A partir de então, tentei atraí-la a uma interação ativa através do piano e de improvisação no tambor. Eu não queria forçá-la a usar a voz. Minha intenção era observar se, após um relaxamento inicial das tensões corporais, a utilização espontânea da voz podia ocorrer como um efeito secundário posterior ao desembaraço físico.

Considerei suas mãos, que ela apertava com força, como um prolongamento dos pulmões e da respiração supercontrolada. Eu queria, portanto, estimular sua respiração através das mãos. No início, ela percutia de maneira bem cuidadosa com uma baqueta, que segurava rigidamente na mão direita. Seu corpo se inclinava na direção da mão que segurava a baqueta, enquanto os olhos seguiam minhas mãos no piano. Diversas vezes eu a encarei, e ela então desviava o olhar e corava.

Durante os dois primeiros meses, sua percussão continuava insegura e incoerente, com longas pausas. O piano a acompanhava bem de perto, aguardando quando ela parava. Se ela percutia com força, o piano respondia; se percutia devagar e com intensidade fraca, eu fazia o mesmo.

A comunicação que se desenvolvia lentamente a partir de nosso contato parecia formar a estrutura ascendente da exploração musical e corporal. Por volta da décima sessão, quando uma "falha" no tambor foi imediatamente seguida de uma "falha" no piano, ouvi algumas risadinhas que considerei um riso contido. Daí em diante, inventei toda espécie de jogos musicais, de modo que pudéssemos rir juntas, e as risadinhas aumentaram. Tamara apreciava bastante esse humor não-verbal. Às vezes, ela se aproximava de mim, no banco do piano, para ser afagada ou sentir cócegas nas costas.

Cerca de um mês após a primeira risadinha, fazíamos uma rápida improvisação piano-tambor quando Tamara subitamente levantou os braços bem alto. Quando a imitei, ela explodiu numa gargalhada.

A partir de então, desejei trabalhar mais freqüentemente com Tamara. Uma equipe foi formada, tendo como principal responsabilidade o planejamento terapêutico para a menina. Constava de uma psicóloga que a atenderia duas vezes por semana em ludoterapia, e que também seria responsável pelo atendimento terapêutico da família, de uma professora especializada, que era responsável pelo grupo de Tamara, e de mim mesma. Ambas concordaram com a minha sugestão de que ela deveria ser atendida por mim todas as manhãs, durante um mês. Achei isso importante a fim de romper o padrão habitual de não-atuar e não-falar em relação à escola.

Suas improvisações no tambor se tornavam cada vez mais flexíveis, dinâmicas, rítmicas e dentro do andamento. Ela utilizava as mãos de maneira bem mais firme e livre, mas o resto do corpo ainda se mantinha rígido. Tentei utilizar dois tambores afastados um do outro para provocar mais alguns movimentos.

Introduzi, então, uma dança dos chocalhos. Eu me movimentaria pela sala com um chocalho em cada mão e Tamara os tocaria com suas mãos. Eu já havia tentado me movimentar com ela, sem tambores, mas não conseguira tirá-la de sua rigidez corporal. A dança dos chocalhos, no entanto, agradou-lhe imensamente. Algum tempo depois, ela quis segurar os chocalhos sozinha, e passamos a nos revezar, cada uma de nós decidindo quando segurá-los.

Ao trabalhar com a respiração de Tamara, eu havia deixado, até então, que ela tocasse pequenas flautas ou instrumentos de sopro com palheta, que requeriam pouca respiração. A partir desse momento, dei-lhe flautas e apitos que necessitassem de mais respiração. Ela gostou muito quando, certa vez, conseguiu soprar um pio de pato com um ruído muito engraçado e que faz cócegas nos músculos do estômago. Depois disso, quis ver se conseguiria que ela tocasse o *kazoo**, em que teria que usar sua própria voz para extrair som, e, após várias tentativas e erros, tendo-me como modelo, ela o fez com perfeição!

Nessa ocasião, ela começou a "cantar", no *kazoo*, longas melodias que percorriam livremente as tonalidades e que partiam de temas familiares a improvisações. A impressão geral era de que ela explorava a voz e a apreciava. Eu a acompanhava ao piano ou no violão, na intenção de lhe proporcionar uma base segura para essa exploração. Depois de algum tempo, passávamos longos períodos num jogo de perguntas e respostas.

Cinco meses após o início de nosso trabalho, Tamara cantou pela primeira vez num microfone, com uma voz de pouco alcance e imatura. Gravei e coloquei a fita para que ela a ouvisse. Tamara

---

* Brinquedo musical que consiste em um tubo aberto nas duas extremidades, contendo uma abertura do lado coberta por uma membrana, na qual se canta. (N. da T.)

o fez com um sorriso grande e correu então para a janela, abriu-a e anunciou para os que estavam no *playground*:

— Ouçam. Ouçam-me!

Pouco tempo depois, as professoras relataram que Tamara já sussurrava uma resposta quando alguém lhe dirigia a palavra na sala de aula. Decidimos em conjunto trabalhar primordialmente a participação e a integração de Tamara nas atividades sociais. Esse fato surtiu efeitos positivos no grupo como um todo, e os outros alunos, que há muito tempo já haviam "desistido" de Tamara, começaram a se aproximar novamente dela e considerá-la membro do grupo.

Como parte do processo de generalização, pedi à professora de Tamara que começasse gradativamente a participar das sessões de musicoterapia, de início conversando da porta, até se juntar integralmente à sessão. Decidimos com Tamara trazer também o resto do grupo. Passado um ano de intenso trabalho individual com Tamara, ela já participava ativamente das sessões grupais com os outros alunos na sala de aula. Seu comportamento geral estava, no todo, mais livre e ativo, e a voz, apesar de ainda ter pouco alcance, era usada e apreciada por ela.

Esses são os diversos princípios musicoterápicos importantes no trabalho com Tamara:

— trabalhar para estabelecer contato;

— trabalhar para atingir atenção e percepção por meios musicais;

— trabalhar com uma equipe profissional competente e com objetivos comuns;

— trabalhar com objetivos que possam ser úteis tanto na situação presente quanto no futuro;

— trabalhar com improvisações que possam atender às necessidades do aqui e agora;

— escolher cuidadosamente o momento de introduzir material novo e manter o material antigo para que o processo musicoterápico evolua gradativamente.

CLAUS BANG

Um Mundo de Som e Música
Musicoterapia e fonoaudiologia musical com crianças portadoras de deficiência auditiva e deficiência múltipla

RESUMO

Desde 1961, temos utilizado a música no tratamento e na educação de mais de duas mil crianças portadoras de deficiência auditiva e deficiência múltipla, de dois a dezessete anos de idade. O projeto musicoterápico tem sido integrado em projetos de treinamento de equipes de educação especial em diversos países. O ponto crucial do projeto é o treinamento da voz e da fala através da música, que se inicia aos dois anos e é integrado, em seguida, à educação diária. Um grande número de instrumentos musicais especiais tem sido utilizado. Experiências extraordinárias têm sido feitas com barras sonoras Sonor de 64-380 Hz, analisadas em nosso projeto de pesquisa "Funções sonoras fisiológicas entre crianças portadoras de surdez profunda e crianças com audição normal".

O método propicia um dos melhores meios até então conhecidos para se aperfeiçoar o material vocal de deficientes auditivos e sua capacidade de perceber e reproduzir as inflexões da fala, resultando em aumento de inteligibilidade e melhoria da comunicação.

A musicoterapia e a fonoaudiologia musical constituem um dos meios pedagógicos/terapêuticos mais importantes no desenvolvimento de uma unidade acústica-visual-motora e um excelente meio de comunicação para crianças portadoras de deficiência auditiva e deficiência múltipla, facilitando seu ajustamento e sua integração na sociedade.

O PROJETO MUSICOTERÁPICO

O projeto musicoterápico que temos desenvolvido através de estudos em países como a Alemanha Ocidental, Holanda, Áustria, Grã-Bretanha e Estados Unidos tem evoluído desde 1968 e se integrado de maneira crescente em projetos de treinamento de equipes, como por exemplo as de educação especial, nos países nórdicos e outros países europeus, nos Estados Unidos, na Austrália e na Nova Zelândia.

Desde 1972, Aalborg, na Dinamarca, foi escolhida como um local adequado para se iniciar uma formação preliminar em musicoterapia. Em 1974, começou a funcionar o primeiro de uma série de cursos de musicoterapia com a duração de um ano, o primeiro nos países nórdicos, com sede na Aalborg School e patrocinado pelo Royal Danish College of Educational Studies. A musicoterapia, no entanto, atrai e desperta o interesse de um sem-número de equipes terapêuticas e pedagógicas que se preocupam com as pessoas deficientes, o que resulta em um número de interessados maior do que o que é possível admitir no Royal Danish College. O Aalborg University Centre forneceu, portanto, a estrutura da primeira educação musicoterápica completa nesse país.

A música como terapia

Musicoterapia é a aplicação controlada de atividades musicais especialmente organizadas com a intenção de expandir o desenvolvimento e a cura durante o tratamento, a educação e a reabilitação de crianças e adultos com deficiências motoras, sensoriais ou emocionais. As deficiências podem ser: atraso na leitura, atraso na fala, retardo mental, deficiência motora, distúrbio emocional, cegueira, deficiência visual, surdez, deficiência auditiva parcial, psicose, autismo, afasia e disfasia em crianças ou adultos.

O objetivo do musicoterapeuta está centrado no cliente e não se inicia a partir da música. Por exemplo: o musicoterapeuta parte de um diagnóstico, e as atividades musicais são planejadas e escolhidas de acordo com as necessidades específicas dos clientes. Um cliente pode ser envolvido individualmente ou em grupo com outros clientes, criando música em ambas as situações e ouvindo-a ativamente, com o objetivo de um desenvolvimento posterior favorável. Um dos pontos mais importantes da musicoterapia é se concentrar na pessoa e partir de seus problemas e dificuldades. Assim como em outras formas de tratamento e educação de pessoas deficientes, torna-se crucial na musicoterapia que se motive e se estimule o cliente a uma realização e, em seguida, que se apóie e estabilize esse novo desenvolvimento de uma forma inimaginável.

O ser humano é uma unidade, e não um ser dividido em duas partes, corpo e mente. Todas as doutrinas de psicologia e psicoterapia que buscam um aprofundamento pressupõem um atendimento terapêutico. A musicoterapia constitui um suplemento e um auxiliar, exatamente como os professores, psicólogos, psiquiatras, médicos, fisioterapeutas, terapeutas ocupacionais, fonoaudiólogos, conselheiros, pais e outros.

Em muitos casos, a musicoterapia vem a ser o único meio viável de se obter resultados terapêuticos e pedagógicos. Esses resultados da musicoterapia em termos de melhora das condições da pessoa deficiente e de seu potencial em comunicação, percepção, ação e comportamento, perspectivas sociais, têm sido provados através de trabalhos científicos. Nem sempre é possível, no entanto, mensurar de maneira objetiva a melhora de uma deficiência física através de modernos métodos científicos, estatísticos. O fato depende, em grande parte, de forças subjetivas, individuais e emocionais que podem ser liberadas através de uma ampliação do contato e do intercâmbio com o ambiente. Esta é uma circunstância cada vez mais reconhecida por todas as equipes de tratamento, educação e reabilitação. No nosso trabalho com pessoas deficientes é importante, acima de tudo, fornecer condições de vida aceitáveis para a pessoa deficiente, em que ela tenha a possibilidade de auto-expressão e comunicação. A musicoterapia preenche todos esses requisitos perfeitamente.

Os objetivos da musicoterapia
Os objetivos prioritários da musicoterapia na Aalborg School são:
1. Estabelecimento de contato e de comunicação;
2. Treinamento sensorial e desenvolvimento;
3. Treinamento físico e motor e desenvolvimento;
4. Treinamento social e desenvolvimento;
5. Liberação de processos sócio-comunicativos;
6. Ativação e liberação de processos emocionais;
7. Desenvolvimento da fala e da linguagem;
8. Treinamento intelectual e desenvolvimento;
9. Estímulo ao desenvolvimento de novos interesses, só ou em companhia de outras pessoas;
10. Treinamento musical e desenvolvimento;
11. Desenvolvimento de autoconfiança e autodisciplina;
12. Relaxamento e afastamento de problemas.

O projeto musicoterápico na Aalborg School, que abrange todos os alunos desde a faixa etária pré-escolar até os de séries mais adiantadas, consiste em atividades como grupo instrumental, fonoaudiologia musical, terapia através do canto, treinamento motor expressivo para os alunos portadores de deficiência múltipla (cada um recebe terapia individual), improvisações de grupo, dança (isto é, dança folclórica e jogos dançantes), em que todos os alunos são divididos em cinco ou seis grupos; tocar órgão é opcional para os alunos mais antigos. Através da experiência, realizada a partir de 1961, com diferentes atividades oferecidas aos nossos alunos portadores de deficiência auditiva e deficiência múltipla, temos meios de confirmar que a musicoterapia obteve os resultados correspondentes aos objetivos acima mencionados. A musicoterapia, no entanto, não é um objetivo em si mesma. Ela é um dos recursos mais importantes para se desenvolver uma unidade acústica-visual-motora e um meio de comunicação favorável num mundo integral — incluindo as pessoas deficientes.

A música como um meio de comunicação
Todos os nossos alunos na Aalborg School (assim como a maioria dos portadores de deficiências) podem ser caracterizados como pessoas que têm dificuldade de comunicação, no sentido de que limitações da linguagem do tipo sensório-motor ou emocional são entendidas como um obstáculo à comunicação e à atuação na sociedade.

A música pode estabelecer contato sem a linguagem, e, através da musicoterapia, encontramos um potencial não utilizado em outros meios de comunicação e que auxilia no desenvolvimento da linguagem. Uma vez que a música propicia um meio de comunicação de caráter predominantemente emocional (comunicação não-verbal ou pré-verbal), ela tem importância e grande aplicação, exatamente onde a comunicação verbal não é utilizada, pelo fato de a linguagem falada não ser compreendida. Para as pessoas com dificuldade de contato e que geralmente são receptivas à música, esta se tornará o elemento através do qual a comunicação poderá ocorrer. A comunicação pode ser descrita como verbal, emocional, e propicia interação em termos motores. Quando a comunicação verbal e motora não funciona de maneira suficiente, deve-se tentar a expressão emocional a fim de se atingir a mente. Sendo uma forma emocional, assim como um meio não ambíguo de comunicação, a música pode substituir a ambígua comunicação verbal.

Como é uma forma de comunicação, a música constitui uma das possibilidades de interação humana. Conforme ocorre na evolução de psicologia social, a musicoterapia demonstra tendências inconfundíveis de compreender a música como um modo emocional de comunicação, como um meio de contato, e, na sua aplicação terapêutica, há a possibilidade de se fazer com que o tratamento inclua distúrbios de interação ou, através da comunicação, lide com os distúrbios comunicativos.

Para todas as pessoas, mas em particular para as que têm dificuldades na comunicação, ouvir e fazer música significa comunicação. Aquele que estiver fazendo música ativamente pode, por meio dela, comunicar-se consigo mesmo e, desse modo, restabelecer a identidade com seu próprio corpo. A musicoterapia passiva receptiva, em que o paciente apenas ouve música, pode também ser eficaz, na medida em que oferece ao paciente a possibilidade de concentrar sua atenção na música como um tema e, possivelmente, criar um relacionamento objetivo.

Utilizando a terminologia tradicional da musicoterapia, a música proporciona ao cliente alguns recursos terapêuticos ativos, isto é, ouvir, ser criativo e participar. A pessoa deficiente terá, através da música, oportunidade de reunir experiências a partir de experiências musicais de auto-organização e de relacionamento com outros.

A música é uma fonte singular e intermediária no que concerne à estruturação de energia, à capacidade de estabelecer contatos, ao autoconhecimento e, não menos importante, ao estabelecimento ou restabelecimento de relações humanas.

A música agrada ao ser humano como um todo e influencia a personalidade integral diferentemente das outras formas de terapia da fala e da linguagem. O efeito integrador e emocional da música diminui a abstração que freqüentemente acompanha o ser humano em muitas das situações tradicionais de aprendizado da linguagem. A pessoa que apresenta atraso na linguagem pode aprendê-la apenas através da ação verbal. No entanto, pode também *aprender a aprender* através da ação musical. A música é uma linguagem para todas as pessoas. Nos casos mais graves, quando o aprendizado por meio da linguagem não é mais possível, a música se torna indispensável como um recurso humano especial para a comunicação. Utilizando-se a música, pode-se iniciar um desenvolvimento de interação em qualquer ser humano.

Música — um caminho para a fala e para a linguagem

A música e a fala se baseiam na percepção e na interpretação do som que se inicia com uma experiência auditiva. Tanto na musicoterapia quanto na fonoaudiologia, estamos envolvidos em processos auditivos e na produção e percepção do som. Em ambas as terapias, tentamos avaliar a reação do aluno ou cliente aos sons e a todos os fatores envolvidos no processo de desenvolvimento. A percepção auditiva abrange a capacidade de distinguir dois sons diferentes, sua altura, seu timbre, sua intensidade ou duração, enfim, todas as características que contribuem para o significado do som.

A música e a fala estão vinculadas à capacidade de lembrar e imitar sons.

Os sons que ainda não se integraram aos padrões musicais, como melodia ou ritmo, ou aos padrões verbais, como linguagem, já contêm elementos de intensidade, duração, altura e entonação. Os quatro elementos característicos podem ser percebidos, a despeito de funcionamento profundamente reduzido do cérebro.

A fonoaudiologia pode ter início com sons que ainda não tenham sido estruturados em padrões significativos. No tratamento, teremos então que analisar o caráter do som percebido e envolver-nos num processo gradativo, através do qual o ser humano transforma sons numa linguagem significativa, produzida por seu próprio corpo, utilizando movimentos físicos que ele é capaz de controlar, coordenar e usar de maneira consciente. Qualquer deficiência ou bloqueio do sistema auditivo ou da capacidade de se mover é, portanto, um obstáculo à aquisição da linguagem.

A semelhança entre a construção de uma linguagem musical e de uma linguagem verbal torna a música um importante auxiliar da fonoaudiologia. Atribui-se primordialmente à linguagem da música os processos perceptivos e mentais tais como audição, memória e imitação dos sons ouvidos, aliados ao controle motor dos movimentos físicos necessários. Na fala, ocorre uma mistura dos elementos, acompanhados por símbolos da fala e da música. Durante a percepção da fala e da música, o processo é conduzido em comum com as áreas sensoriais de projeção e com os diversos centros de processamento de informação. A atividade musical e a audição ativa de música podem originar funções que favoreçam a aquisição da linguagem, da atenção e da percepção, e a transferência de movimento para som e de som para movimento, criando uma experiência de unidade entre linguagem, música e movimento.

Fonoaudiologia musical para deficientes auditivos
O desenvolvimento do ser humano é acompanhado pelo som, que está tão integrado ao ambiente que quase não o percebemos no nível consciente. O que chamamos de silêncio é apenas uma concepção relativa. Consciente ou inconscientemente, tomamos conhecimento dos sons que nos cercam desde o nascimento. Nosso meio natural de comunicação é o som lingüístico, que primeiro percebemos e depois imitamos. Para as pessoas com audição normal, o som é uma percepção auditiva, mas as ondas sonoras, que são produzidas por uma fonte vibratória sonora e que nos são transmitidas pelo ar, podem nos alcançar por outros meios. Além do ouvido, elas podem ser sentidas pela pele e pelos ossos de partes do corpo humano. Essa per-

cepção sonora não pode ser comparada com o que ouvimos, mas capacita a pessoa portadora de surdez a ter contato com o mundo circundante de sons.

Para a pessoa portadora de surdez, a música se constitui basicamente em uma série de vibrações que são percebidas e transportadas ao cérebro por outras vias que não o órgão auditivo. Essas vibrações, no entanto, podem conduzir ritmos, sons e seqüências melódicas e causar à pessoa surda reações que levem-na a atividades de grande importância. Os ritmos e sons, por assim dizer, são vivenciados dentro da pessoa como vibrações ligadas à audibilidade (de maneira cinestésica e auditiva, em vez de visual) e causam no deficiente auditivo uma vontade espontânea de transformar a influência rítmico-musical percebida em formas pessoais de expressão, tais como movimentos, imitação, fala e canto.

De todas as atividades humanas, a fala é provavelmente a mais rítmica e musical. Ao mesmo tempo, a fala e a linguagem são os instrumentos mais valiosos para a comunicação e a memória. O trabalho com a fala e a linguagem de crianças portadoras de deficiências auditivas se reveste da maior importância. Uma das incapacidades adicionais no caso da deficiência auditiva é o controle da voz, que, total ou parcialmente perdido, resulta com freqüência em vozes monótonas ou forçadas, artificiais e estridentes.

Essa circunstância impede que esses alunos se comuniquem com aqueles que ouvem normalmente. O ritmo da fala é um movimento rítmico dos órgãos da fala, tais como a respiração, a voz e os movimentos articulatórios da boca, em conjunto com os sons provenientes da laringe. Nós ouvimos os movimentos da fala e, dessa maneira, a audição é um processo sensório-motor.

O exercício da música e do movimento treina as funções sensório-motoras auditivas e vibratórias e a memória de tais seqüências e sua utilização. As atividades musicais, portanto, treinam indiretamente as funções básicas da fala e da linguagem.

A música e a linguagem têm tantos pontos de semelhança que os elementos musicais básicos podem ser empregados como um meio de ensinar pessoas deficientes auditivas e outros grupos de deficientes a romper a monotonia verbal e a falar de maneira rítmica e melódica, desenvolvendo e aperfeiçoando, dessa forma, a comunicação com pessoas de audição normal.

O ponto crucial da musicoterapia na Aalborg School é, portanto, o treinamento da fala e a estimulação da linguagem através da música, a fonoaudiologia musical, iniciada quando os alunos estão com dois ou três anos de idade e integrada então ao ensino diário de articulação e fala através da cooperação entre pais, aconselhadores, professores, fonoaudiólogos e o musicoterapeuta. Tentamos melhorar os níveis e as qualidades vocais de nossos alunos utilizando esse meio terapêutico, ensinando sistematicamente, ao mesmo tempo, a acentuação na intensidade, na duração, na altura e na entonação, utilizando a audição residual do aluno através de próteses auditivas, da capacidade de percepção sonora no corpo todo e da sensação contato-vibração, principalmente nos membros.

Barras sonoras na prática e em pesquisa
Na fonoaudiologia musical utiliza-se um grande número de instrumentos musicais especiais, como as barras sonoras Sonor, com freqüências de 64 a 380 Hz, uma extensão onde a maior parte das pessoas portadoras de surdez apresenta algum resíduo auditivo. Esse fato significa que o resíduo auditivo, até um certo grau, pode ser ativado e utilizado através do trabalho com barras sonoras que têm qualidades acústico-vibratórias muito específicas. Desde 1972, temos concentrado a utilização de barras sonoras na fonoaudiologia musical em virtude das respostas vocais favoráveis por parte de nossos alunos portadores de deficiência auditiva e deficiência múltipla a esse estímulo. O Conselho Dinamarquês de Pesquisa pelas Humanidades apoiou com subvenções, durante os anos de 1973 a 1976, meu projeto de pesquisa "As funções do som fisiológico, a percepção e reprodução de som em crianças portadoras de surdez profunda e de audição normal, explorando a utilização de barras sonoras na análise do som e na fonoaudiologia musical".

O objetivo desse projeto é examinar o material vocal de crianças portadoras de surdez profunda e de crianças com audição normal, entre cinco e quinze anos de idade, e analisar o efeito da fonoaudiologia musical com barras sonoras Sonor nas qualidades da voz e da função vocal desses alunos. A análise inclui tom de voz, intensidade, tempo de entonação, freqüências, entonação, compressão, modulação, aprendizagem do golpe de glote, redução da nasalidade, etc. Além disso, a intenção do projeto é determinar se a melhora da fala e da linguagem da criança surda, resultante da terapia com a barra sonora, causará uma melhor compreensão por parte dos que a cercam e, conseqüentemente, melhores possibilidades de comunicação na sociedade.

Na Aalborg School, gravei as vozes espontâneas de trinta alunos portadores de surdez e trinta crianças com audição normal entre cinco e quinze anos de idade, e suas respostas vocais, utilizando o som BA aplicado em 26 barras sonoras diferentes numa série de posições de testes, cada uma demonstrando diferentes caminhos de percepção. No Instituto de Fonética da Universidade de Copenhague, transformei as gravações em dados gráficos no equipamento *sonograph* e *mingograph*. Os gráficos foram medidos para processamento de dados e examinados estatisticamente, em cooperação com o professor-assistente Allan Dresling, no Instituto de Sistemas Eletrônicos do Aalborg University Centre.

Com base no material analisado, foram desenvolvidos dois modelos matemáticos de cálculo para uma avaliação qualitativa do aperfeiçoamento vocal das vozes que respondiam e que eram espontâneas. O objetivo era comparar as qualidades vocais antes e depois do treinamento com as barras sonoras e, sobre essa base, definir as linhas terapêuticas e pedagógicas e as instruções metódicas concernentes à utilização de barras sonoras no tratamento profissional de distúrbios da voz e no treinamento da fala de alunos portadores de deficiência auditiva. Simultaneamente a esse trabalho, realizaram-se, em cooperação com o professor-assistente M. A. Børge Frøkjaer-Jensen, do Grupo de Pesquisa Fonoaudiológica da Universidade de Copenhague, medições experimentais no instrumento eletrônico que ele desenvolveu, medindo as melhoras vocais através de uma análise espectral da voz. Além disso, Allan Dresling, patrocinado pelo Conselho Dinamarquês de Pesquisa em Ciência Natural, está desenvolvendo no momento um modelo geral de análise de dados destinado ao processamento automático de dados a partir do instrumento medidor eletrônico utilizado para a análise vocal.

O projeto também é destinado a desenvolver programas de treinamento na utilização das barras sonoras com deficientes, a fim de se determinar o valor dessa terapia no tratamento da fala e da linguagem de crianças portadoras de deficiências mental, motora e múltipla (por exemplo, alunos surdos-cegos e psicóticos-autistas). Nas escolas normais também ocorre uma acentuada necessidade de utilizar o método de barras sonoras no trabalho com vistas à melhora vocal. Essa terapia tem demonstrado considerável melhora no tom vocal e na modulação dos alunos que apresentam voz rouca, ruidosa ou monótona.

Estamos percebendo que a utilização da terapia com barras sonoras tem se estendido a outras áreas. A educação especial, por exemplo, deu início a novas pesquisas das funções fisiológicas do som. Baseado nas experiências que têm sido realizadas, o comitê responsável pelos métodos de tratamento de articulação e voz para os deficientes auditivos nos países nórdicos decidiu introduzir programas de treinamento utilizando as barras sonoras. Através da estreita cooperação entre as equipes de ensino e tratamento, organizadas no que se refere à fonoaudiologia musical, podemos, como resultado de tratamento intensivo, obter uma melhora na possibilidade de a pessoa deficiente perceber e reproduzir o ritmo e a melodia da fala e da linguagem, resultado que significará melhor modulação, maior domínio e compreensão da linguagem e, conseqüentemente, desenvolvimento do potencial de comunicação de alunos deficientes.

Falar e cantar

No programa musicoterápico, falar e cantar são áreas estreitamente ligadas, porque ambas têm modulação tonal e acentuam certas sílabas ou palavras numa frase. No canto, as palavras usam a modulação tonal através da melodia e a acentuação é expressa através do ritmo. A utilização musical de palavras e de frases com ênfase na modulação e na acentuação natural da fala realça o sentido das palavras e amplia a sua utilização. Trata-se de um estímulo bastante eficaz em alunos com deficiência da audição e da fala, que os motiva a cantar com interesse maior no conteúdo verbal. O canto os ajuda na tentativa de aprender a falar. Quando a música contém um significado e as palavras estiverem colocadas na melodia com a acentuação normal e a modulação da fala, o canto terá valor pedagógico e terapêutico. A pessoa deficiente é profundamente ligada ao seu canto. Nesse caso, o instrumento musical é parte dela mesma, e ela vivencia o canto como um meio de auto-expressão espontânea. Cantar, sozinhos ou em conjunto, pode, em muitas situações, proporcionar aos nossos alunos deficientes um sentimento de liberdade em relação às inúmeras conseqüências e restrições de sua deficiência.

Em nossas cantigas de brinquedo, brincadeira e canto se unem com movimentos, dramatização, mímica, desempenho instrumental, etc., acompanhando a música. Desse modo, a linguagem é conduzida, por assim dizer, pela melodia e pelo movimento e, para o lingüista, esse é um processamento de informação. Por meio do canto, um desenvolvimento adicional da fonoaudiologia musical, temos as melhores possibilidades de aperfeiçoar o som vocálico, crucial para a compreensão. Quando são pequenas, as crianças em geral emitem as vogais antes das consoantes, que são mais rítmicas do que as vogais melódicas. A maioria das crianças reconhece o elemento melódico antes de captar a estrutura rítmica da música. As crianças portadoras de surdez não são exceção. Seu canto é modulado e muito expressivo.

Música e movimento

Durante os primeiros anos de vida, em particular, sons e música são percebidos diretamente pelo corpo humano. Esse fato também se aplica em alto grau às crianças portadoras de deficiência auditiva, compensando a audição reduzida e suplementando a limitada audição residual, percebida por todo o corpo. *Música e movimento são, portanto, inseparáveis.* Antigamente, as pessoas surdas eram geralmente designadas como "pessoas visuais", porque, diante de suas dificuldades auditivas, confiavam intensamente nos seus recursos visuais. A musicoterapia com essas crianças confirma, sem engano, que o melhor caminho para provocar uma combinação visual e auditiva é a utilização do elemento motor. Desse modo, percebemos pela experiência que a pessoa surda, como um ser total, recebe através da música um impacto multi-sensorial em todos os sentidos. Por meio das atividades musicais, a criança deficiente tem possibilidade de se expressar corporalmente através da imitação e da mímica, da linguagem de sinais, de sentimentos e idéias que ela ainda não é capaz de expressar em palavras. A criança tem possibilidade de coordenar sua voz com música e movimentos de uma maneira espontânea e relaxada, enquanto os problemas de articulação, neste momento, são insignificantes. Um de nossos mais importantes princípios terapêuticos é construir sobre o que já existe na criança e fazer com que ela conscientize o fato. Através da musicoterapia, a pessoa deficiente descobre e percebe suas potencialidades, ao invés de suas limitações.

A estimulação por meio de atuação física e treinamento motor contribui para o início do desenvolvimento lingüístico. A conscientização que o aluno desenvolve de seu corpo e de suas funções motoras, a percepção cinestésica e o *feedback* são extremamente importantes para a percepção auditiva e as habilidades lingüísticas.

Organizamos para os alunos um programa especial rítmicomusical de estimulação de movimento e de linguagem. O ritmo propicia estímulo e atividade, de forma que eles possam perceber e imitar a acentuação e a modulação da música e da linguagem. Esse programa treina o ritmo, barras diferentes, sons, etc. Ao mesmo tempo, mantém a atenção e a concentração dos alunos. Isso cria para eles a possibilidade de vivenciar ritmos e música, enquanto, simultaneamente, se exercitam através de movimento, dramatização, brincadeira e dança, em coordenação com a fala e o canto. O corpo humano, especialmente a voz humana, é o meio mais extraordinário de expressão da música.

Quando os alunos cantam, brincam e dançam, essas variadas atividades musicais podem lhes proporcionar um treinamento auditivo passivo e ativo. O efeito sonoro dos esforços físicos da criança serão percebidos e, desse modo, os esforços físicos e a percepção auditiva ou percepção sonora com o corpo formarão um todo. A interação entre o treinamento sensorial e o treinamento motor é crucial e constitui também a base de nosso programa de treinamento auditivo em musicoterapia "Um mundo de som e música".

Improvisação e resposta

O trabalho musicoterápico com nossos alunos portadores de deficiências auditiva e múltipla é variado e bem diferente, devido às imensas considerações individuais levadas em conta. Precisamos nos concentrar no modo como a música pode desenvolver o potencial individual do aluno. Por isso, no final da década de 1960, introduzimos na Aalborg School um tratamento musicoterápico individual para nossos alunos portadores de deficiência múltipla em particular, como uma alternativa ao ingresso posterior num possível trabalho de grupo e como preparação para o mesmo.

A necessidade de atividades ligadas à música é, na verdade, bem maior nos alunos portadores de deficiência profunda do que nos outros alunos. O essencial, nesses casos, é encontrar um caminho que possa desencadear suas experiências musicais e ativá-las "dentro da música", de forma a desenvolver variados e possíveis meios de expressão tais como a respiração, o canto, a imitação, movimentos corporais, percussão de tambor, etc. Estamos aptos a avançar na musicoterapia à medida que o potencial dos alunos o permita. *A música deve ser adaptada ao aluno, e não o aluno à música.*

Torna-se necessário ser flexível no tocante à metodologia instrumental, devido a problemas de coordenação, perda auditiva, campo visual, concepção do espaço ou restrições físicas que possam exigir uma simplificação da tarefa. No que se refere aos nossos alunos portadores de deficiência múltipla, bem poucos estão aptos a utilizar um instrumento musical convencional. Nesse caso, deve-se utilizar instrumentos simples, que ofereçam possibilidades musicais eficazes.

Com o som agradável que acompanha os instrumentos de fácil execução, tentamos desenvolver uma espécie de improvisação livre, nem rígida demais, já que não exige que se sigam certas regras musicais, nem complacente em relação a eventuais divagações. O pré-requisito para essa atividade é uma preparação psicológica — não musical —, que leve em conta diversas situações e condições. Só então surgirá a base de uma prontidão favorável à experiência. As exigências psicoterápicas de uma preparação para a experiência devem preceder definitivamente a aquisição musical. Com uma atitude principalmente de escuta receptiva dirigida aos primeiros impulsos sonoros, o objetivo é uma atividade musical tão elementar quanto possível. Proceder a essa preparação e esperar que o aluno assuma por si mesmo o material musical assegura os resultados terapêuticos pretendidos. A participação do aluno demonstra liberação e motivação interior.

A criatividade significa, antes de mais nada, criar e produzir algo sem conhecimento do resultado. Criatividade não se aprende.

Os poderes criativos do ser humano podem ser favorecidos e apoiados. Deve-se prestar atenção, portanto, não apenas ao desempenho musical, mas, o que é mais importante, ao caminho que levou ao desempenho. O desempenho, no entanto, por mais elementar que seja em termos musicais, pode servir como um diagnóstico, assim como um auxiliar terapêutico.

Se o terapeuta souber adaptar a improvisação de seu instrumento, ou talvez de sua voz, às criações pessoais ou às reações aos estímulos musicais de seu aluno, e este estiver apto a participar ativamente da música e utilizar o contato musical que tinha com sua própria linguagem musical, teremos iniciado um intercâmbio através da música, que é a base da musicoterapia. Isso exige, obviamente, um procedimento metódico diferenciado que abre e utiliza psicologicamente as possibilidades do som, da música e da relação social, partes essenciais da execução musical espontânea. Desencadeia-se dessa forma uma conexão entre as dimensões musicais e sociais, provando que a improvisação pode, de maneira vantajosa, ser utilizada com maior eficácia na musicoterapia como um modo de expressão e comunicação para crianças deficientes.

Música e musicalidade

A música é uma das melhores maneiras de manter a atenção de um ser humano devido à constante mistura de estímulos novos e estímulos já conhecidos. A atividade e a atenção que podem ser obtidas adaptando-se a música ao aluno deficiente constituem um excelente recurso para todos os tipos de aprendizagem. A música se torna também um auxílio terapêutico, assim como a pedagogia. Um exemplo é que o método de ministrar a educação especial ao aluno deficiente se torna também um recurso para que ele faça escolhas de acordo com sua própria vontade, conforme seu comportamento.

A evolução da maioria de nossos alunos na Aalborg School tem sido possível através da musicoterapia, que lhe permite reagir de maneira espontânea a estímulos musicais, movimentos, fala, canto ou brincadeira e criar música selecionando seus próprios meios de expressão. Conseqüentemente, esta precisa ser uma experiência cinestésica livre, que não imite ou ecoe estímulos musicais, mas expresse uma criatividade que emane do próprio aluno.

A música, entre outras coisas, é uma forma de som estruturado, como a linguagem, e a musicalidade é a aptidão de reagir aos estímulos musicais e criar música. A pessoa que está ouvindo ou, através de outros sentidos, percebendo as numerosas variações daqueles sons musicais, está criando música.

Toda criança tem necessidade de que seu potencial rítmico e harmônico seja encorajado e estimulado pela música, caso lhe seja proporcionada a possibilidade de tocar instrumentos adequados. Seria interessante que se levasse mais em consideração o tipo de música que a criança ouve em casa e na escola. Os sons e a música que nos cercam têm uma influência permanente sobre nossas vidas.

Aspectos humanos fundamentais estão contidos nos diversos meios como uma pessoa vivencia a música, seja ela deficiente ou não. Todas as pessoas respondem a estímulos musicais, de modo que, em maior ou menor extensão, todas as pessoas são musicais. Mesmo entre os que possuem as mais graves deficiências pode-se encontrar um ser musical, que, através da musicoterapia, pode ter oportunidade de participar de alguma atividade musical, em vez de ser isolado por causa da deficiência. A musicoterapia deveria ser um direito de todas as crianças e adultos, deficientes ou não.

A musicoterapia agrada não apenas às pessoas deficientes, mas pode também abrir perspectivas para as pessoas consideradas normais, talvez especialmente para alunos inteligentes, que, em certas escolas, são colocados em situação desvantajosa, tolhidos pelo sistema. Questiona-se se não é de grande relevância compreender a musicoterapia também como uma alternativa ou pelo menos um suplemento ao ensino de música e de canto ministrado na escola primária, particularmente se considerarmos as perspectivas de integração das crianças deficientes na escola normal. A experiência de troca que ocorre na Aalborg School demonstra sem dúvida que a musicoterapia constitui um dos melhores meios de integração. Torna-se essencial proporcionar ao indivíduo deficiente condições de vivenciar a experiência de estar no mesmo nível que os outros e ter o mesmo valor. Os deficientes têm o direito moral, cívico e legal de receber um nível de educação artística semelhante ao das pessoas não deficientes. O lema "Música para todas as crianças" pode se tornar real se abandonarmos a discriminação musical contra crianças deficientes.

O desenvolvimento e o futuro da musicoterapia

A musicoterapia, na Dinamarca, tem sido utilizada em muitas áreas desde o início da década de 1960. Em 1969, o primeiro passo em direção à coordenação de nossos esforços no sentido de se ter um local que centralizasse a musicoterapia foi dado pela fundação da Sociedade Dinamarquesa de Musicoterapia (Dansk Forbund for Musikterapi), a primeira seção nacional da Sociedade Nórdica de Musicoterapia Pedagógica (Nordisk Forbund for Pedagogisk Musikterapi). A Sociedade Dinamarquesa de Musicoterapia possui um corpo de associados de todos os países nórdicos, no momento cerca de trezentos, e seu objetivo é expandir o conhecimento e a utilização da musicoterapia em todas as áreas de deficiência no nosso país. Através de conferências, cursos e publicações, a sociedade patrocina o trabalho musicoterápico que se realiza em muitos locais na Dinamarca e inspira os que estão interessados ou aptos a trabalhar na qualidade de intermediários da música como terapia. Além do mais, a sociedade tenta encorajar a cooperação entre as inúmeras pessoas que exercem ativamente a musicoterapia nesse país e no exterior.

Através do trabalho de musicoterapia aplicada a diversas deficiências, na Aalborg School, desde 1961, e através de meu outro trabalho com musicoterapia, tenho vivenciado, como tantos outros, o crescente interesse pela musicoterapia em todos os grupos envolvidos no tratamento, na educação e reabilitação de todos os tipos de deficiência e também em muitos círculos voltados para os alunos com desenvolvimento normal. A musicoterapia tem atraído numerosos alunos visitantes, inclusive de outros países nórdicos, que trabalham em instituições onde a musicoterapia está sendo aplicada no momento. A musicoterapia é tema de inúmeros artigos, trabalhos de pesquisa, etc. A necessidade de estudo, demonstrações, visitas de estudo, assistência por meio de trabalhos escritos específicos, publicações, cursos, etc. têm aumentado simultaneamente com essa evolução.

O que realmente espero é que as muitas pessoas competentes, que, pelo seu trabalho diário, contribuem para o desenvolvimento da musicoterapia em nosso país, mantenham-se unidas em seus esforços de estabelecer a melhor educação musicoterápica possível no Aalborg University Centre. Ao mesmo tempo, precisamos preservar e elaborar as possibilidades de cursos suplementares destinados aos numerosos professores que já estão trabalhando ativamente em musicoterapia e que, devido a seu trabalho, falta de tempo, etc., não estão em condições de iniciar uma educação universitária. Através de intercâmbio e coordenação da experiência essas pessoas podem receber apoio de todos os campos da musicoterapia, em todas as áreas de deficiência, não apenas nesse país, mas também nos vizinhos países nórdicos. Somente desse modo — e isso exige muita suscetibilidade e esforço — podemos encontrar o melhor conteúdo e a melhor estrutura de educação musicoterápica, que finalmente parece constituir uma realidade.

A musicoterapia veio para ficar, e os problemas relativos à educação e pesquisa têm que ser solucionados através de uma estreita colaboração entre todos os membros da equipe envolvidos no tratamento, na educação e reabilitação de pessoas portadoras de deficiências, de uma colaboração entre instituições, escolas e centros de atendimento a deficientes e de um intensificado intercâmbio de caminhos e recursos entre todos os países onde a musicoterapia esteja se desenvolvendo — um mundo de som e de música.

ISABELLE FROHNE

Musicoterapia na
Educação Social e na Psiquiatria

Esse trabalho aborda os dois seguintes tópicos: "Música e educação social" e "Musicoterapia e psiquiatria". No que diz respeito à função da música, vejo muitas semelhanças entre os dois campos: o trabalho terapêutico com jovens na educação social e o trabalho terapêutico com pessoas precocemente perturbadas na psiquiatria têm mais em comum do que o trabalho terapêutico realizado com adultos neuróticos.

Pacientes psiquiátricos e clientes que necessitam de educação social não estão suficientemente integrados em nosso mundo "normal" de regras e normas, ideologias e quaisquer conceitos de como se deve viver. Eles precisam de estrutura e de orientação para que desenvolvam um eu integrado, um ego maduro e uma identidade definida. Seu distúrbio pode ser diferenciado da neurose madura de pacientes adultos pelo fato de danos arcaicos terem impedido o desenvolvimento do eu e, a partir disso, secundariamente, o desenvolvimento do ego. Doenças neuróticas dependem da repressão de conflitos, que não é um ato do eu, mas do ego. O ego do paciente precocemente perturbado, no entanto, é comparativamente muito fraco para reprimir conflitos ou integrar o material arcaico. Kohut (1971) denomina, portanto, a pessoa neurótica de "culpada" e a precocemente atingida de "trágica".

Pacientes neuróticos são pessoas que têm que aprender a "esquecer" os conceitos, ideologias e normas que reprimiram e internalizaram. Elas deveriam soltar seus egos e aprender a confiar no flu-

35

xo do eu. A musicoterapia, nesse caso, teria a função de preparar e aprofundar o trabalho terapêutico *orientado para o conflito*. Nas improvisações musicais, regras e temas não seriam impostos, exceto, talvez, no início da terapia, quando os pacientes ainda não se conhecem. Se nenhuma estrutura é dada, como pode o grupo encontrar suas próprias normas? Pacientes neuróticos podem entrar na escuridão e no vazio, os conflitos podem vir à tona e a ansiedade ser despertada, mas, observando o processo, descobriremos novas experiências em termos de comunicação, comportamento social e autorregulamentação dentro do grupo.

A musicoterapia na educação social ou na psiquiatria seria muito diferente do trabalho com pessoas neuróticas: ela tem a função de apoiar o trabalho terapêutico *funcional e orientado para a experiência*. A música é utilizada com a finalidade de apoiar e estimular, estruturar, ajudar a desenvolver a orientação temporal e espacial, que é a realidade, os sentimentos e a conscientização do próprio corpo e das próprias sensações. A música é utilizada com o intuito de favorecer potencialidades correspondentes ao estado de desenvolvimento do eu, que relatarei posteriormente.

Dentro dessa perspectiva, uma grande quantidade de livros foi escrita acerca dos exercícios e propósitos que podem ser oferecidos na musicoterapia. Abre-se um livro e encontra-se centenas de sugestões de como se iniciar o que um grupo pode fazer sozinho. Essas atividades têm, na verdade, a função de estruturar e reduzir a ansiedade ou desenvolver a sensibilidade, a expressão, a fantasia, etc.

A função da musicoterapia no trabalho psiquiátrico e na educação social é principalmente a seguinte: o trabalho com música proporciona o tempo e o local para saborear, comer e digerir a sociedade humana, incluindo a assimilação de normas satisfatórias e a rejeição das normas negativas, mas não a aventura de ser atirado nesse mundo e criar o seu próprio.

Petzold (1984) assinalou que a personalidade de uma pessoa é caracterizada por todas as experiências positivas, negativas e inadequadas que teve em sua vida. Nenhum fato ocorrido na infância é hoje como na época em que ocorreu — ele é adicionado e ofuscado por acontecimentos positivos e negativos e carências de outras fases do desenvolvimento. Um paciente pode, portanto, ter um ego relativamente bem integrado em sua identidade. Mas se ele regride a um passado bem distante, é possível que o ego seja dominado por material arcaico, e então o paciente se desequilibra. Na terapia de distúrbios precoces deve-se saber, portanto, qual camada da personalidade do paciente é contactada.

No meu trabalho terapêutico clínico, combino musicoterapia e gestalt-terapia, dois métodos extremamente criativos e que podem ser utilizados com eficácia tanto no campo da psiquiatria e da educação social quanto no trabalho terapêutico orientado para conflitos com pessoas neuróticas. A musicoterapia e a gestalt-terapia têm em comum a concentração no *aqui e agora*, a experiência presente do que está penetrando no primeiro plano da percepção. O aqui e agora, no entanto, não é anti-histórico — abrange passado e futuro e o horizonte do mundo social e ecológico.

A gestalt-terapia e a musicoterapia se baseiam na *consciência* do que está acontecendo aqui e agora. Ambas são voltadas para a *experimentação* de sentimentos, impulsos, material reprimido e áreas dissociadas da personalidade, e encorajam os pacientes a *expressar* suas experiências e fantasias através de meios criativos, como a música, o movimento, a poesia, a pintura, o teatro, para mencionar apenas algumas das possibilidades. Ambas combinam o trabalho *funcional*, que apresenta aspectos pedagógicos, com o trabalho orientado para a *experiência*, que alarga o horizonte, e o trabalho orientado para o *conflito*, que esclarece a biografia. Tal conduta ajuda a estabelecer um fundamento satisfatório e uma base de experiência que conduza à reflexão racional.

Pode-se perceber que defendo a terapia eclética, que não divide a *musicoterapia* em partes diferentes. Ao se observar os *pacientes*, no entanto, é importante saber quando convém ou não realizar o trabalho funcional ou orientado para conflitos. O procedimento terapêutico deve corresponder ao desenvolvimento do eu e à camada correspondente da personalidade.

Gostaria de iniciar descrevendo a musicoterapia com *distúrbios* precoces, seguindo com o *desenvolvimento do eu* e algumas formas arcaicas de regressão. Em seguida, farei comentários sobre a musicoterapia com jovens *dependentes de drogas* no campo da educação social, baseados em minhas experiências com esses pacientes alguns anos atrás. Farei, então, um relato sobre a musicoterapia e a gestalt-terapia aplicadas a um paciente precocemente perturbado, que sofre de uma *estrutura fronteiriça*.

Os distúrbios precoces distinguem-se principalmente em psicoses, doenças psicossomáticas e distúrbios fronteiriços e narcisistas. Essa classificação fornece um indício da fase do desenvolvimento que foi impedida. Distúrbios precoces abrangem geralmente deficiências, mas também traumas precoces, assim como certos distúrbios e conflitos (ver Petzold, 1984) que não preciso especificar em detalhes, supondo que já sejam conhecidos.

Muitos danos ocorrem durante o período em que o bebê percebe o mundo e ele mesmo de uma maneira indiferenciada, global, amorfa e atemporal. Numa época, portanto, em que a capacidade de memorizar e denominar o que o cerca ainda não está desenvolvida, esse material arcaico emerge na forma da mais ameaçadora ebulição de sentimentos. Há experiências como totalidade, tudo ou nada, onipotência, sucção, aniquilação, destruição, etc. A criança não tem padrões para diferenciação, nem perspectiva de tempo e de espaço para memorizar e antecipar, de modo que possa se situar no contexto integral. A criança se sente totalmente amada ou totalmente abandonada. Na terapia, portanto, tentamos:

— ajudar a desenvolver a percepção de tempo e espaço;
— ajudar a diferenciar a percepção do corpo e de seus limites;
— desenvolver a capacidade do paciente de pleitear um lugar nesse mundo e lidar com a proximidade e a distância.

Ao trabalhar com esses pacientes na educação social ou na psiquiatria, não revelamos tanto a biografia, mas tentamos desenvolver o eu, fortalecer as funções do ego e tornarmo-nos (como terapeutas ou como um grupo terapêutico) os substitutos para os ''bons'' pais. Torna-se necessário canalizar a agressão arcaica de modo que o paciente possa lidar com ela. Em geral, não é proveitoso atravessar as circunstâncias da remota infância, um vez que o ego é muito restrito para compreender o que acontece.

Gostaria agora de sumariar o desenvolvimento do eu a fim de ilustrar o significado da música, do som e de instrumentos em diferentes fases do desenvolvimento.

Examinando a teoria freudiana do desenvolvimento instintivo (oralidade, analidade, etc.) sob o aspecto do desenvolvimento do eu, encontramos diferentes fases relativas ao importante tema da simbiose e da individualização, um tema que nos mobiliza durante toda a existência. Há uma vantagem nesse caso: na teoria freudiana, passamos de uma fase para outra, enquanto no conceito de desenvolvimento, vivemos — ritmicamente — um tema repetidas vezes, em diferentes níveis. Acompanharei a pesquisa de M. Mahler e outros, que observaram o período mais remoto de nossa existência. Os resultados atingidos pela pesquisadora, no entanto, talvez sejam considerados válidos principalmente entre pessoas de classe média, mas não necessariamente de um modo geral. Se utilizarmos também os conceitos de Mahler em um contexto (músico) terapêutico, devemos levar em consideração que não atingimos necessariamente o paciente seguindo as fases *cronológicas* do desenvolvimento do seu eu, mas seguindo as *camadas* de sua personalidade adulta que são contactadas durante o processo terapêutico.

Gostaria de sumariar o desenvolvimento do eu dentro dessa perspectiva e utilizá-lo em um contexto musicoterápico.

A fase da simbiose

A fase da simbiose é dividida numa fase autística pré e peri-natal, numa fase simbiótica normal, até o final do segundo mês, e numa simbiose social natural, até o quarto mês.

Durante a fase autística-simbiótica, o bebê reage de acordo com as regras da organização cinestésica do sistema nervoso central. Mesmo no útero, a criança é sensível a movimentos, ruídos, sons, ritmos, etc. (ver Spitz, 1967) de uma maneira total, global e difusa.

Quando a música nos atinge nessa camada inicial de nossa personalidade, ela afeta particularmente o controle das estruturas subcorticais: o controle das funções vitais da respiração, da temperatura, da digestão, do metabolismo, da circulação, etc., até a transformação de sensação em sentimento no sistema límbico, entre o diencéfalo e o córtex. Nesse momento, a música é percebida mais como um reflexo motor, mas não ainda em termos de projeção, associação ou estrutura. A música pode afetar reações orgânicas autônomas e a expressão e resolução de traumas e conflitos em um nível orgânico. Descobri, através de minhas experiências em terapia, que o ruído do gongo provoca vômito, como se expressasse a eliminação de introjeções tóxicas, assim como o chamado leite materno intoxicado. Naturalmente, utilizamos também a música para a regulação das funções orgânicas, por exemplo, o tônus do sistema muscular. Com esse propósito, há uma variedade de músicas para relaxamento à disposição no mercado.

Hoje em dia, no que concerne a pacientes precocemente perturbados, precisamos ter cuidado com esse tipo de música que provoca reações orgânicas. Elas podem ser benéficas a pacientes neuróticos, porque ajudam a liberar o ego, mas podem ser perigosas a pessoas precocemente perturbadas, que facilmente poderiam vir a ser dominadas por suas reações vegetativas, musculares e emocionais.

A simbiose social se caracteriza pela situação em que o bebê percebe a mãe de maneira difusa, sem no entanto estar apto a discriminar a mãe dele mesmo. As experiências importantes nessa etapa são as de ser erguido, abraçado, carregado e embalado. Elas são importantes para o desenvolvimento posterior do esquema corporal. Nesta etapa, a percepção muda: de percepção proprioceptiva de processos internos, passa a ser percepção sensorial da periferia corporal. O sentido cinestésico está se desenvolvendo, assim como a sensibilidade profunda. Os distúrbios e danos ocorridos nessa fase criam a disposição para uma *psicose infantil*, que pode se manifestar caso a mãe, além disso, seja malsucedida por desleixo no cuidado com a criança.

Na camada simbiótica de nossa personalidade, vivenciamos a música como um prazer sensório mais ou menos agradável. Mergulhamos em um oceano de som, somos envolvidos, acalentados e acariciados. Sentimos segurança, conforto e bem-estar natural. A música ainda não é vivenciada em conjunto com a visualização, porque, na fase simbiótica, a criança ainda não está em condições de vivenciar cenas ou juntar cenas inteiras. Se ocorrerem visualizações, elas serão superposições de fases posteriores que anexamos a essas experiências iniciais.

A fase de diferenciação

Na fase seguinte, que dura do quarto ao oitavo mês, o bebê mostra os primeiros sinais da capacidade de diferenciar. Ele começa a discriminar a mãe e ele mesmo. Ele se familiariza com a mãe, com sua aparência, seu sentimento, seu cheiro, seu gosto. Utiliza não apenas seus sentidos, mas também aprende a se aninhar e a se contrapor à mãe. Ela é ao mesmo tempo uma extensão do seu próprio eu, e também de algo mais. Ela é boa ou má, dependendo de sua função satisfatória ou frustrante. Quando ocorrem distúrbios nessa fase, há uma disposição para a *estrutura fronteiriça*, isto é, o mecanismo de divisão com a prontidão para descompensação psicótica.

Na regressão a essa camada de desenvolvimento, a música e os instrumentos musicais têm o significado de "objetos transicionais" (Winnicott, 1971; Willms, 1975). Eles representam o eu e, ao mesmo tempo, o mundo. No entanto, eles ainda não têm a função de estabelecer relacionamentos interpessoais, como os chamados "objetos intermediários". Os objetos transicionais são principalmente necessários para satisfazer necessidades pessoais.

A fase da prática

A fase da prática é dividida em uma subfase que dura até um ano de idade, e outra subfase que dura até cerca de dezoito meses. Se o desenvolvimento for satisfatório, a criança "se apaixona pelo mundo" (Mahler, 1982). A criança aprende a andar e descobre todas as vantagens dessa capacidade. Seu narcisismo está no auge. A criança, nesse aspecto, necessita da mãe "apenas" para armazenar novas energias após suas expedições inquisitórias. Desse modo, pode suportar numerosas frustrações.

O mundo interno-externo é estabilizado durante essa primeira subfase que capacita a criança a observar a realidade. A ausência da mãe, no entanto, é notada conscientemente. A ansiedade de separação provoca sentimentos de depressão: a criança vivencia um vazio interior, seus movimentos tornam-se mais lentos e há um interesse menor pelo mundo. Ansiedade e agressão estão dissociadas: trata-se de uma *disposição fronteiriça com um toque depressivo.*

Na segunda subfase, a catexia boa e má do eu ou dos objetos ainda não está integrada. A criança vivencia ainda os objetos e sujeitos como bons ou ruins, mas não percebe que eles contêm elementos de ambos. Nos momentos críticos, a criança nega os aspectos negativos da mãe frustrante. Trata-se da *disposição fronteiriça com um toque maníaco.*

Em relação à fase da prática, a música tem a função de satisfazer o narcisismo e apresentar a onipotência da criança. Todos nós conhecemos e apreciamos o sentimento engrandecedor de, por exemplo, reger um grupo musical (ao vivo ou numa gravação), de tocar um instrumento solista para alguns ouvintes, etc., mesmo que a princípio se queira o anonimato por inexperiência ou modéstia. Tocar para outras pessoas, dar um passo à frente, mostrar-se e ser visto, permite que sejamos identificados pelos demais e que a identidade se desenvolva. A admiração e a apreciação por parte dos ouvintes e espectadores nos proporcionam autoconfiança, ressonância e resposta que nos ajudam a encontrar um espaço nas relações sociais. Todos esses aspectos são importantes no estabelecimento de uma identidade.

A fase de reaproximação

Entre um ano e meio e dois, a criança se reaproxima da mãe, desde que tenha alcançado os limites de seu narcisismo na fase da prática. A criança teve que aprender que não poderia dominar o mundo inteiro e, nesse momento, vivencia a ansiedade relativa à sua segurança. A criança se sente recuar e avançar entre o desejo de autonomia e o de proteção. Teme perder sua nova independência, teme ser tragada pela mãe, mas teme também perdê-la. Um fato típico é a criança pequena sempre querer saber onde a mãe se encontra.

Danos e distúrbios nessa fase sempre prejudicam a capacidade de lidar com a proximidade e a distância. Além da disposição para a estrutura fronteiriça, encontramos a disposição para *distúrbios narcisistas*, isto é, distúrbios relativos à integração entre onipotência e imagem parental ideal, que é também uma *posição depressiva de interação.*

Muitos dependentes de drogas sofrem de distúrbios narcisistas. Eles têm grandes aspirações, mas pouca energia, ou um ego pequeno para cumpri-las. Desapontados, portanto, com o mundo, eles necessitam da droga ou do álcool a fim de terem condições de viver novamente suas ilusões. Eles também se sentem ou totalmente entusiasmados acerca de algo, ou totalmente desapontados; totalmente confluentes e simbióticos com quem amam, ou totalmente controladores.

Se considerarmos que a experiência confluente da música é típica da camada simbiótica de nossa personalidade, ou que o executante de música é típico da fase da prática, podemos então identificar aquelas formas musicais de improvisação que tratam da regulação entre proximidade e distância, dar e tirar, independência e dependência, contato e afastamento, etc., típicas da fase de reaproximação.

A fase da individualização
Essa fase do desenvolvimento ocorre no nosso terceiro ano, na ocasião em que aprendemos a falar e a controlar nossas funções orgânicas. Nesse momento ocorre também a consolidação da constância emocional, isto é, a criança é capaz de integrar os aspectos bons e ruins dentro da mesma pessoa. A mãe pode ser substituída por uma imagem interior constante enquanto estiver ausente, o que significa que a criança está apta a suportar sua ausência por um período maior do que antes.

A mãe, além do mais, não é mais a única pessoa importante na vida da criança. O pai e uma rede social mais ampla ocupam agora um espaço mais significativo. Normas sociais e regras têm que ser aprendidas. Mudanças vindas de fora, portanto, tais como afastamentos, separação dos pais, acidentes, etc. podem agora afetar o desenvolvimento da criança de um modo negativo, causando a disposição para uma *estrutura compulsória.*

A execução da música em terapia tem a função de oferecer um campo de experimentos que permita a descoberta de normas grupais e normas pessoais de comunicação. Essas normas, no entanto, devem sempre ser submetidas a uma crítica na terapia, caso necessário. Papéis sociais estão em um contínuo processo; são percebidos, aceitos e representados a fim de que se encontre a posição pessoal em relação ao todo.

A terapia com distúrbios precoces significa realimentação e ressocialização. Doses de simbiose são tão importantes quanto doses de delimitação. Que tipo de música deve ser respectivamente oferecido a cada função depende do processo terapêutico e do tema respectivo que tem que ser elaborado. A música, na verdade, terá exatamente a função que corresponde ao processo, isto é, a mesma música pode ser vivenciada hoje como um mergulho simbiótico sonoro e amanhã como uma possibilidade de se exibir. Ambas as funções possivelmente são até vivenciadas ao mesmo tempo.

Um fato muito importante é o encorajamento dos pacientes na verbalização de suas experiências e na comunicação de suas associações, fantasias e percepções internas. Uma vez que eles sempre têm dificuldades em verbalizar o fluxo de suas experiências, torna-se útil aprender a denominar as forças que, por outro lado, poderiam ser tão ameaçadoras.

Descrevi, até o momento, a função comum ou normal da música dentro das diferentes fases do desenvolvimento. Em terapia, no entanto, precisamos também examinar algumas maneiras típicas de *improvisação musical regressiva*, que aparecem quando atendemos pessoas precocemente perturbadas no tratamento através da musicoterapia. Improvisar, sem dúvida, é sempre um ato regressivo. Refiro-me à diferença entre a regressão que é uma expressão ou um processo de criatividade saudável e a regressão que é uma expressão do mecanismo de defesa ou de perda das funções-do-ego. Decidir se a expressão musical é criativa ou bloqueada depende do contexto integral. E isso é algo muito difícil de categorizar.

Regressão arcaica significa uma regressão de funções do ego já desenvolvidas (para o que se segue, consultar Petzold, 1985). Tal conduta conduz à *confluência* com uma ânsia de reconciliação completa entre o dentro e o fora, e simbiose. O paciente não é capaz de perceber seus limites e vivencia a separação como uma catástrofe.

A música, nesse sentido, baseia-se com freqüência em uma pulsação comum, portanto métrica e rítmica. Os pacientes gostam de tocar "dentro de um contexto" e mergulham infinitamente no mundo dos sons. A música é utilizada com o intuito de estabelecer uma simbiose com o sentimento de estar de volta ao útero materno. Essa conduta seria saudável se, por outro lado, não ocorresse ao mesmo tempo a falta de impulsos e criatividade que causa uma atmosfera depressiva.

A retroflexão arcaica é um dos mais primitivos mecanismos de defesa. Há uma confusão acerca do eu. As respostas do organismo, que deveriam ser dirigidas ao mundo externo, são dirigidas ao próprio eu ou aos órgãos do próprio corpo (doenças psicossomáticas).

Na improvisação musical encontramos, em especial, obstáculos que têm a ver com a expressão da agressão. Exatamente antes de a pessoa deixar a música fluir, ocorrem interrupções repentinas, ou então pode-se perceber como as energias são refreadas de um modo um tanto compulsivo. A retroflexão é também uma expressão da primeira fase autista de simbiose, na qual o organismo apenas responde com reações orgânicas autônomas.

Divisão arcaica já foi mencionada quando abordei a fase da diferenciação. Através dessa reação, o paciente divide o mundo em bom e ruim. Uma pessoa pode ser boa ou má, mas não boa e má. Outra maneira é dissociar ansiedade e agressão (ver fase da prática), que pode desenvolver formas retroflexivas de autodestruição.

Introjeção arcaica é também uma reação primitiva. O que quer dizer em termos musicais? A pessoa reprimiu tanta coisa do mundo externo que restou pouco espaço para o desenvolvimento do próprio eu. Ela, portanto, tem pouco a expressar. Sua música é superficial, sem estrutura e fragmentada. A pessoa toca o que lhe é pedido, mas com pouca originalidade. A execução fragmentada impede que a criatividade do eu encontre sua expressão no mundo externo.

Anestesia arcaica é outro mecanismo de defesa contra traumas, distúrbios ou conflitos. Esses pacientes geralmente atuam de maneira satisfatória em seu contexto social e econômico, mas sua vivência pessoal é de um corpo estranho. Eles se alienam de seus corpos e de seus eus, não podendo perceber, em conseqüência, aquilo de que realmente necessitam. Sua música soa bem em termos técnicos, mas é impessoal. Não se pode perceber que tipo de pessoa o paciente é, o que sente e o que expressa.

Projeção é, num certo sentido, um mecanismo de defesa posterior. Na música, é como se o paciente quisesse dominar e manipular os outros executantes dando impulsos. No entanto, ele acredita que a energia venha dos outros. Sons e instrumentos são, em geral, vivenciados como a expressão mágica de várias características de experiência.

O diagrama da página seguinte oferece um panorama do que tem sido dito a respeito do desenvolvimento do eu ou, se utilizamos os resultados num contexto terapêutico, das camadas da personalidade do paciente. O diagrama apresenta, também, o que tem sido dito a respeito da função da música e sua orientação terapêutica, assim como alguns típicos caminhos musicais de expressão.

Qual é, nesse caso, a utilização desses conceitos em musicoterapia, no que se refere ao desenvolvimento do eu, às correspondentes camadas da personalidade e à correspondente função da música? E como se utiliza o conhecimento dos mecanismos de defesa musicais e das expressões musicais da perda das funções do ego?

Um grande trabalho de pesquisa sobre o tema deve ser feito, e o que expus até agora é apenas um modesto início. Acredito, no entanto, que nosso trabalho musicoterápico com pacientes psiquiá-

Fase de desenvolvimento ou camada da personalidade	Função da música e utilização terapêutica	O paciente atua em correspondência a
Simbiose Camada autista	Estimulação da função vegetativa e motora	Introjeção, retroflexão, anestesia (doença psicossomática).
Camada normal simbiótica e social	Mergulho na música, vivência de canto, dança, audição de música familiar, execução rítmica no contexto	Confluência de introjeção (psicose)
Diferenciação	Os instrumentos são objetos transicionais, símbolos para o eu e o não-eu, para desejos, sentimentos e ações	Divisão, introjeção, retroflexão, anestesia. (Estado fronteiriço com descompensação psicótica.)
Prática	Exibicionismo, execução solista, reger é dominar o mundo, onipotência. *Feedback* musical e verbal ajudam a estabelecer a realidade	Anestesia, divisão, retroflexão (Estado fronteiriço, depressivo, maníaco.)
Reaproximação	Regulação de proximidade/ distância, autonomia, proteção, desejo, possibilidade, controle, devoção	Confluência e tudo mais (Estado fronteiriço, distúrbios narcisistas como dependência e depressão.)
Individualização	Descoberta de normas no contexto social; por exemplo, em improvisações sem regras, representações de papéis, "família"	Projeção e todo o resto, exceto confluência (Estrutura compulsiva)

tricos e na educação social de jovens tende a se tornar mais eficaz se compreendermos a expressão musical do paciente a partir de um ponto de vista mais psicodinâmico. Parece-me muito importante que se tenha condições de reconhecer num grupo terapêutico, por exemplo, um desempenho depressivo e confluente que leve à estagnação. Torna-se necessário que se compreenda a estrutura psicodinâmica e a dinâmica de grupo, e que não se encubra e se negue a regressão arcaica oferecendo outras atividades musicais funcionais. O fato me parece extremamente importante para todos os professores, assistentes sociais e auxiliares que trabalham na área da educação social e da psiquiatria com música, a fim de que se possa apoiar, estabilizar e socializar pacientes precocemente perturbados.

Musicoterapia na educação social de dependentes de drogas
Falarei, a seguir, sobre pessoas dependentes de drogas que sofrem de distúrbios narcísicos, isto é, distúrbios precoces ocorridos na faixa etária dos dezoito meses aos dois anos. Faço essa afirmação porque encontramos dependência de drogas por outros motivos, como, por exemplo, neurose ou incapacidade de enfrentar o envelhecimento, a falta de atrativos e a inutilidade no aspecto econômico.

Quando falamos sobre musicoterapia com pessoas dependentes de drogas, devemos, de preferência, levar em consideração a estrutura e os processos psicodinâmicos que podem levar à dependência, mas não necessariamente.

A dependência é uma expressão do esforço de compensar deficiências estruturais. O eu do paciente dependente é deficiente, e seu ego tem poucas chances de desenvolver funções maduras. O resultado é um paciente que não possui uma identidade definida.

Com o intuito de evitar depressão e mágoa, a pessoa dependente geralmente enfraquece sua percepção da realidade interna e externa (anestesia), mas busca a confluência utilizando a droga como substituta das enfraquecidas funções do ego, que não estão em condições de estabelecer contato entre o interno e o externo. A droga conduz a uma regressão à fase da prática, em que sentimentos de onipotência surgiram aliados a sentimentos de inferioridade, ansiedade de separação e depressão. À medida que o efeito da droga diminui, a decepção em relação ao mundo decepcionante aumenta, e o círculo vicioso se reinicia com o uso da droga.

O objetivo mais importante da musicoterapia com pessoas dependentes de drogas é:
— fortalecer as funções do ego e construir uma identidade definida;
— realimentar, preencher as deficiências, diferenciar sentimentos e experiências e socializar o comportamento.

Se, no entanto, vivenciarmos a música na camada simbiótica de nossa personalidade, ela terá uma função semelhante à da droga, dando-nos a ilusão de confluência e fusão entre o dentro e o fora. No tocante à camada que corresponde à fase da prática, vivenciamos a música de um modo onipotente. Uma vez que, nesse ponto, nossas experiências são reais, a musicoterapia e a educação social de dependentes de drogas devem tirar vantagem do fato de a música ser um substituto para as drogas e uma satisfação narcisista. A terapia de grupo deve proporcionar diversão e reduzir a ansiedade. Ouvir música familiar, improvisar em conjunto de uma maneira agradável, que garanta apreciação, e todas as possibilidades de musicoterapia funcional ajudam a desenvolver sentimentos de confiança e de compreensão entre os componentes do grupo.

Quando o grupo atinge um clima de segurança, a música não deve apenas ser utilizada na sua função de vivenciar novamente uma boa simbiose social e um exibicionismo satisfatório. O musicoterapeuta pode começar a observar mais estreitamente os mecanismos de defesa dos dependentes de drogas, indagar sobre os sentimentos expressados em seus corpos e em sua música, dar nomes aos conflitos e estereotipar modelos de comportamento, e convidar os pacientes a vivenciar musicalmente os sentimentos que acompanham seus problemas. Nesse momento, deixamos o campo da musicoterapia funcional e utilizamos a música orientada para conflitos.

Quanto mais as pessoas dependentes assumem sua identidade durante o processo terapêutico, menos necessitam de drogas. A musicoterapia, no entanto, não influencia o problema que originou o consumo da droga. Ela tem influência sobre a identidade e, a partir daí, secundariamente, sobre o problema da droga. O término da terapia pode ser levado em consideração quando a música do grupo tiver desenvolvido uma identidade dinâmica pessoal. A música nada mais é do que a expressão do que aconteceu e se desenvolveu dentro do grupo e dentro dos indivíduos. Os participantes devem, nesse ponto, estar aptos a se comunicar e interagir sem perder contato com seus próprios sentimentos; devem estar aptos a conduzir o grupo, mas também a ser conduzidos por alguém sem cair em posições extremas, como onipotência ou inferioridade. Devem agora estar aptos a enfrentar a realidade e a desenvolver algum sentimento quando a música for contra-indicada para solucionar problemas (nem todos os problemas podem ser expressados e solucionados pela expressão musical!).

Esse trabalho social requer uma grande dose de paciência, e todo terapeuta que trabalhar nessa área deverá penar. Pessoas dependentes de drogas provocarão continuamente seu terapeuta com um comportamento irresponsável, evitando contato, etc. Elas aguardam ansiosamente o momento em que o terapeuta ceda aos seus caprichos, tendo então a confirmação "oficial" de que *são* criaturas incorrigíveis, o que lhes daria a permissão "oficial" de usar drogas novamente. Caso se decida a trabalhar com esses pacientes, portanto, o terapeuta tem uma grande responsabilidade até que ocorra o término bem-sucedido da terapia.

Musicoterapia com paciente precocemente perturbado (Frohne, 1982)

Gostaria, agora, de apresentar o desenvolvimento psicodinâmico de um paciente precocemente perturbado com quem trabalhei durante nove anos. Jörn (o nome foi trocado) está com dezoito anos, e, portanto, veio a mim com nove anos. Durante quatro anos, ele vinha uma vez por semana e, daí em diante, uma média de uma a duas vezes por mês, exceto durante um ano de terapia de grupo semanal que conduzi quando ele tinha cerca de doze anos de idade.

Jörn é um paciente com uma estrutura fronteiriça cujos distúrbios, na minha opinião, aos nove anos de idade, correspondiam às fases de diferenciação, de prática e de reaproximação. Muitas das ansiedades de Jörn, no entanto, pareciam resultar de um trauma pré-natal. Além disso, o ideal para a mãe era uma família de quatro pessoas, e Jörn foi, infelizmente, a quinta. Tenho certeza que ela transferiu esse sentimento para o bebê ainda antes de ele nascer. Por outro lado, o pai de Jörn pode ter contribuído com algum aspecto hereditário de instabilidade, uma vez que sofria, por vezes, de descompensações psicóticas, tendo finalmente se suicidado. Quando esse fato ocorreu, Jörn fazia terapia comigo há apenas um mês. O pai de Jörn era policial, e tinha uma personalidade muito depressiva e autoritária. Podemos afirmar talvez que, desde o período pré-natal, Jörn tinha disposição para a labilidade, e que sua estrutura fronteiriça foi estabilizada durante as fases de diferenciação e posteriormente.

Aos nove anos de idade, Jörn freqüentava uma escola especial para crianças com dificuldade de aprendizagem. Ele vivia, em geral, num mundo fantástico, onde havia criado guerreiros bons e maus, os Emus e os Arkans e outros guerreiros que lutavam entre si. Ele não era capaz, portanto, de utilizar seu tempo para aprender o que era exigido em escolas normais. Sua inteligência, entretanto, parecia normal. Mais tarde, Jörn pulou dois anos do curso, teve condições de freqüentar uma escola normal com sucesso e está agora estagiando na agência dos Correios. Suas aquisições são, portanto, satisfatórias.

Após estabelecermos uma relação plena de confiança, como de hábito, trabalhei inicialmente na camada de sua psique correspondente à *fase da diferenciação*. Os instrumentos, nesse ponto, tinham mais ou menos a função de objetos transicionais, semelhantes aos seus animais de estimação, que ele costumava trazer para a terapia em um amplo saco de plástico. Os instrumentos podiam dizer o que tinha que ser dito e o que tinha que ser representado. Foi dessa maneira que ele me falou a respeito dos Arkans e dos Emus.

A história dos Arkans e Emus, assim como diversas histórias de monstros, eram, segundo ele me afirmou, cerca de meio ano após o início da terapia, "inventadas porque não há contradição". Tal conduta tinha relação não apenas com sua socialização no lar ou na escola, mas também com arcaicos sentimentos de agressão que existiam dentro dele e que ele temia. O mecanismo de dividir sua experiência em aspectos bons e ruins, nos bons Emus e nos maus Arkans, é, conforme mostrei anteriormente, típico da estrutura fronteiriça. O ego de Jörn ainda não estava maduro o suficiente para ser capaz de integrar contradições. Assim que vivenciava uma situação insuportável, ele utilizava a *anestesia* como mecanismo de defesa, isto é, "a situação não tem nada a ver comigo, não estou envolvido, porque tudo acontece bem distante, no mundo cósmico atrás dos planetas que conhecemos", e também o mecanismo de defesa da *divisão*, isto é, "não é possível que a mãe que ama e que pune seja a mesma pessoa, e não é possível que eu não tenha apenas sentimentos de amor, mas também sentimentos de agressão. Esses elementos têm, portanto, que lutar entre si em outro mundo, a fim de que eu não sinta mais a contradição dentro de mim".

A partir de um ponto de vista musical, nossas interações improvisadas não soavam como música. Nossa música, de preferência, tinha a função de ilustrar as ações dos Arkans, dos Emus e dos outros monstros. Os instrumentos e os sons, no entanto, eram sensuais e reais, e, nesse sentido, ajudavam-no a transferir as lutas para a terra, onde milhões de guerreiros podiam ser reduzidos a grupos de pessoas. Jörn, então, transformou os grupos de combate em pessoas da Jörnlândia, uma terra que correspondia ao seu sobrenome.

Ouvir a fita dá uma impressão das lutas entre os monstros e entre os guerreiros durante esse período da musicoterapia: os efeitos musicais de Jörn para combater, matar e, às vezes — de uma maneira introflexa e retroflexa —, afastar o inimigo, cujo papel eu represento*.

Sem dúvida, trocávamos freqüentemente de papéis: ele podia vivenciar o papel bom e o ruim, e podia também vivenciar em mim o papel bom e o ruim. Outro exemplo na fita gravada mostra como

---

* Este sinal, ao aparecer daqui por diante, sinaliza exemplos em fita cassete.

ambos combatemos o inimigo. Eu o apoio e o encorajo a dar expressão às duas agressões*.

Outros temas, naturalmente, também foram trabalhados, uma vez que as imagens que ele criou eram também símbolos de tabus, como a sexualidade, a nudez, a vergonha, etc., isto é, temas da fase ou da camada da individualização que se desenvolveu mais tarde. Improvisamos, por exemplo, uma música do Inferno para suas fantasias relativas aos impulsos sádicos e masoquistas. Os pobres animais de estimação tinham que mergulhar nos excrementos feitos de lama e borra de café, e então recebiam permissão de vir ao céu por alguns momentos. Posteriormente, Jörn, durante um período, ia ao banheiro evacuar após as sessões e me presenteava com o seu perfume especial.

Dentro desta perspectiva, o trabalho terapêutico sempre leva em consideração todas as camadas da personalidade do paciente precocemente perturbado. Não obstante, tenho a impressão de que o desenvolvimento de Jörn sucedeu, no todo, ao desenvolvimento do eu.

Na minha opinião, o trabalho terapêutico conduziu a um período correspondente à fase da prática, na qual Jörn tentou passar por aventuras perigosas na Jörnlândia, onde Pepel, o monstro, morava. O monstro Pepel era sua personificada agressão arcaica, "cega" e total. Vocês estão percebendo que os combates agora não ocorrem mais fora de Jörn, mas dentro dele. Ele ainda não podia se identificar com Pepel, mas, pelo menos, Pepel não estava dividido em um mundo externo.

Os instrumentos ainda tinham a função de objetos transicionais. Eles conseguiram ser o elo perdido entre o que ele realmente sentia e o que dissociava. Quando, por exemplo, ele relatava que Pepel, o monstro no meio da Jörnlândia, atirava em todo mundo que se intrometia em seu território, estava convencido que isso não tinha nada a ver com ele mesmo. Ao tocar, no entanto, o duijujui, ele podia ser Pepel e expressar sua agressão de um modo brincalhão.

Ao passar por essas aventuras, ele era como um poeta cujo personagem principal, chamado Jürgen, era o seu eu desprotegido e trágico que foi atirado nesse mundo e estava à disposição das forças do mal. Conforme o poeta, ele era o seu próprio ego, que tinha a mim, sua terapeuta, como conselheira e "alter ego".

Nós ilustrávamos as histórias de horror que Jörn contava com sons subjacentes, utilizando com freqüência o método de representação de papéis ou psicodrama. No exemplo que se segue, vocês podem ouvi-lo apresentar algumas partes de seu eu, o Pepel agressivo e o dependente Jürgen da Jörnlândia.

J: Aí vem alguém da Jörnlândia... e afirma (dirigindo-se a Pepel): Ei, o que está fazendo em meu território?

Eu (no papel de Pepel, repito): Ei, o que você está fazendo em meu território?

J: Mas eu não me intrometi exatamente em seu território!

Eu: Você não se intrometeu exatamente em meu território? Mas porque está aqui?

J: Minha mãe me atirou aqui!

Eu: Estou entendendo! E o que você quer?

J: Minha mãe estava tão furiosa que me atirou aqui. (E ele continua, no papel de narrador.) E Pepel, o monstro — e este *era* Pepel, o monstro! — tem um duijujui e ele fez duijujui... quase bateu nela! Porque se você apanha do duijuijui, você desaparece imediatamente!

Está claro que sua ira é dirigida à mãe. Ele se equipara ao meu papel de Pepel e tenta bater na mãe. Jürgen, uma parte de seu eu no caminho de esclarecer a função do ego, ainda é fraco e vítima do poder de sua mãe e de Pepel*.

Nossa música, às vezes, tinha também uma função musical: por exemplo, quando ilustrávamos nossas caminhadas a novos territórios dentro e fora da Jörnlândia sem palavras*. (Na gravação, Jörn utiliza a música de maneira bem econômica, usando na maior parte apenas três sons. Considero isso uma execução introjetiva, que serve também para expulsar sentimentos aflitivos e arcaicos.)

Bem-sucedido na travessia dessas aventuras, ele penetrou no mundo da música — nesse momento ele podia satisfazer seu narcisismo e vivenciar emoções e comportamentos. A música não tinha mais a função de *substituta* da experiência — agora ela se tornara importante em si mesma e *era* a experiência! Ele se revelou compondo música instrumental ou canções. Ele me dizia qual instrumento eu deveria tocar, em geral o piano, enquanto preferia quase sempre o metalofone e o órgão, apreciando também percussão e instrumentos de corda. Na gravação, vocês podem ouvir sua primeira obra, denominada ''um sedi'', que numa linguagem secreta significa ''uma corda''. É interessante notar que ele utilizou um motivo de um tom, a partir do qual desenvolveu suas idéias. Na gravação, eu toco piano, ele toca uma corda do violão, metalofone, órgão e percussão. Na verdade, essa foi a primeira vez que nos comunicamos através da música*.

Essa música foi a expressão de uma ruptura no desenvolvimento de Jörn. Ele fez experiências musicais com seus sentimentos de ternura e cordialidade e acho que tentou, realmente, dar forma às suas emoções. E certa vez, quando cantei com ele, ousou dar-me um indício de que o deixasse cantar sozinho, ficando feliz e sorridente quando o atendi.

Os temas terapêuticos com os quais trabalhamos a seguir correspondiam aos que são vividos na *fase de reaproximação*. Jörn testava o que nosso relacionamento poderia tolerar: ele cantaria seu amor por mim em linguagem confusa ou em inglês, e eu, "telefonando" para ele, que era o "discjockey", pediria que ele traduzisse. Ele costumava cantar com a seguinte letra: "Se eu não amo você, você me ama de qualquer maneira, mas, se você não me ama, eu vou bater em você". Ou: "Se você me deixar, deixarei esse planeta e terei que morrer". Nessa ocasião, estava com doze anos de idade.

Por essa época, percebi que seria importante que Jörn tivesse experiências num grupo terapêutico com outras crianças. A idéia possivelmente era prematura, uma vez que, em termos emocionais, ele ainda não estava preparado para solucionar problemas na camada da personalidade que corresponde à fase da individualização. Na verdade, durante a terapia de grupo, foi bom para ele viver experiências com outras crianças sofridas, e ele até apresentava sugestões construtivas para improvisações musicais, representação de papéis, etc. Mas ele se comportava de uma maneira discreta, porque ainda não estava realmente em contato com as outras crianças. Acrescente-se a isso o fato de que, infelizmente, as circunstâncias no lar não eram satisfatórias com a mãe, que precisava de psicoterapia, e com um irmão mais velho, que aos dezesseis anos já media 2,06m de altura e se comportava como um tirano. Nesse quadro, ele não encontrou nenhum tipo de ajuda emocional para seus problemas de início da puberdade.

Na escola, ele não se defendia quando era atacado pelos colegas. Nós providenciamos aulas de defesa pessoal, dadas por um professor com formação terapêutica. Nossa intenção também foi lhe proporcionar a oportunidade de uma transferência paterna satisfatória. Jörn, no entanto, com a ajuda de seu mecanismo de defesa, manteve cada vez mais sua imensa agressão sob controle para se enfraquecer, com um comportamento compulsivo e uma ponderação sobre os *se* e os *quando* da vida. Embora ele tivesse aprendido a utilizar sua força física de uma maneira satisfatória, o que o ajudou a desenvolver certa confiança em suas condições físicas, manteve paralisada sua força psíquica e, dessa forma, não ousava se defender de seus agressores. A partir desse comportamento retroflexo, passou a ter problemas de pele, que apresentou prurido e que ele coçava até sangrar.

Na terapia, ele se interessava mais em discutir questões como: Por que uma pessoa deficiente é uma pessoa deficiente? Qual é o sentido de minha vida, o que é morte?, etc... Ele não se sentia em um desempenho musical, e eu compreendi que suas questões eram mais importantes.

Ainda que a terapia fosse voluntariamente paga pelo centro de bem-estar, habitualmente muito econômico em termos de dinheiro, eu tinha a sensação de estar sendo má terapeuta caso o mantivesse próximo de mim durante muito tempo, e, após a terapia de grupo (que se iniciou cinco anos depois da individual), solicitei que viesse uma ou duas vezes por mês. Hoje em dia, penso que não foi suficiente.

Atualmente, aos dezoito anos, Jörn descobriu uma identidade no trabalho, na profissão e em termos de realização. No entanto, na área emocional e social da identidade, ainda existem deficiências que o conduzem à depressão e à paralisação. Ele quase não tinha contatos sociais, passatempos ou interesses. Reuni alguns de seus conceitos de vida e lhes apresentarei impressões de seu mundo. Ele costumava dizer:

"Sou um intruso nesse mundo. Não pertenço a ele e nem tenho o direito de estar dentro dele. Quando eu tinha nove anos de idade, traduzia a palavra 'ser' pela palavra 'incompetente'. Sempre que alguém 'é', sempre é incompetente, e isso se encerra apenas com a morte. Comporto-me como se estivesse morto a fim de não ser um incompetente.

Não me comprometo a fazer nada, e evito contato com pessoas para não lhes dar nenhuma razão de me matarem pelo fato de eu existir. A razão pela qual não me defendo quando atacado é que não posso correr o risco de mostrar meu temperamento. Evito também pessoas que me amam, porque não quero me tornar dependente. A dependência significa envolvimento com a vida, e isso é muito perigoso para mim. Eu não teria condições de controlar meus sentimentos, e sei que poderia matar alguém, novamente um motivo para que me matem.

Hoje em dia, portanto, eu apenas me sento e espero o dia em que alguma coisa mude. Gosto de pensar no passado, porque os acontecimentos difíceis felizmente já passaram e não voltam mais. Gosto de pensar no futuro, porque é emocionante perguntar a si mesmo: 'O que aconteceria se estivesse para ocorrer uma catástrofe na próxima terça-feira?' Quando penso no presente, sinto-me inquieto; um sentimento negativo pergunta se o que faço está aprovado, e afirma 'a vida é monótona'. Sinto-me, então, muito triste e desesperançado. Sei, no fundo do coração, que meu destino é sofrer e nunca ser feliz. Estou contente, portanto, de ter minhas fantasias — elas me ajudam a suportar a vida. Por outro lado, sei (!) que a vida é monótona. Mas sempre que supero as fantasias e faço algo ocorre esse sentimento negativo que me tortura. Acredito, então, que é certo que eu seja torturado por ser um intruso nesse mundo."

Encontramos, sem dúvida, muitos traços neuróticos na personalidade de Jörn. Ele sofre de sentimentos de culpa que podem ter resultado do relacionamento ambivalente com os pais, incluindo o complexo de Édipo, o suicídio do pai e a instabilidade da mãe.

Acredito, no entanto, que seus problemas são mais existenciais. Ele se sente atirado no mundo, onde vive como um estranho, que não pode entender nem falar a linguagem normal. Os distúrbios precoces atuam como o "destino" grego, sobre o qual nem mesmo os deuses têm influência. Jörn vive uma trágica existência e, mesmo que tivesse sucesso na resolução de seus conflitos neuróticos, estaria ainda em risco. Possivelmente terá sempre necessidade de pessoas que mantenham contato emocional com ele, a fim de impedir seu total isolamento e sua paralisia emocional.

Em outro exemplo na gravação, vocês podem ouvir uma recente sessão de musicoterapia. Digo musicoterapia porque, durante alguns meses, Jörn gostava, uma vez ou outra, de retomar os instrumentos. Ele descobriu que, tocando, se sente mais vivo. E também entra em contato mais facilmente com o que denomina "o sentimento negativo", "o fim difícil".

Eu lhes darei uma idéia dessa sessão na qual musicoterapia e gestalt-terapia estão combinadas. Jörn trabalha nos seus sentimentos de culpa e agressões. Vocês vivenciarão a função dos sons e dos instrumentos durante o processo terapêutico. Trata-se de um exemplo de uma terapia orientada para conflito.

Eu: Como vai você hoje?
J: Como sempre.
Eu: Gostaria de tocar comigo o que esse sentimento parece?
J: (Toca) Na verdade, eu espero mudar.
Eu: Por que não tenta tocar essa mudança no instrumento?
J: Está bem*.
J: Você sabe, estou de novo com aquele sentimento negativo que me avisa o fim difícil.
Eu: E como lhe soa o fim difícil?
J: Assim*. Graças a Deus terminou, mas sinto que o fim difícil virá, não importa o que eu faça ou deixe de fazer.
Eu: Vejo que você está lutando contra isso com seu corpo; onde sente a tensão?
J: Meu rosto, meus braços e ombros sentiram um aperto enquanto tocavam.
Eu: Talvez você possa tentar eliminar o aperto no gongo grande.
J: Sim, vou tentar*. No início, senti ansiedade mas, depois de algumas batidas, percebi que a dificuldade tinha ido embora e me senti aliviado.

Eu: Em quem você bateu?

J: Em mim mesmo! O verdadeiro Jörn! Bati em sua alma e o ouvi gritar no som do gongo.

Eu: Ele tem que ser punido?

J: Ele tem que apanhar por ser tão incompetente. Ele não é mau de verdade, mas deve ter feito algo há muito tempo pelo qual tem que ser punido.

Eu: Seja Jörn, o incompetente. O que sente quando está sendo punido?

J: Sinto muita ansiedade! Sinto-me pequeno, como se estivesse com três anos de idade e completamente desamparado. Tenho tanto medo de apanhar!

Eu: Pobre menino! E o que *você* sente em relação aos seus torturadores?

J: Sinto, de repente, muita raiva.

Eu: Expresse isso no gongo.

J: (Ele bate no gongo diversas vezes): Agora sinto-me mal e insignificante de novo.

Eu: Bem, o que há de mal em estar zangado?

J: Se eles soubessem!

Eu: Quem?

J: Meu irmão, minha irmã, meus colegas, alguns garotos da rua onde moro e minha mãe.

Eu: E quanto a mim?

J: Não, você não, nunca me torturou.

Eu: Bem, eu não ficaria desapontada se você se zangasse comigo.

J: Você também fica às vezes com raiva?

Eu: Ah, sim, em certas ocasiões fico muito zangada com determinadas pessoas. Você quer ouvir como soa a minha zanga? (bato no gongo). Quer tentar de novo? Uma batida para cada torturador?

J: Sim (bate no gongo e dá nomes às pessoas).

Eu: O que é que você sentiu?

J: Hum, não sei. Se soubessem o que faço com eles...

Eu: Saia de cena e olhe o Jörn que está punindo o pequeno Jörn e olhe o Jörn que expressa sua raiva de ser punido.

J: Bem, parece que está tudo bem. Jörn está punido, mas os outros também. Está bom.

Nessa sessão, Jörn extravasou sua agressão dirigida ao pai, mas trabalhamos nesse tema com gestalt-terapia também.

No último exemplo, há duas improvisações de outra sessão, em que Jörn tocou metalofone, e eu, piano elétrico. O tema terapêutico foi o profundo desejo de Jörn de ternura e liberdade, se possível ao mesmo tempo. Ele havia decidido (o processo de tomar uma deci-

55

são era um processo terapêutico em si mesmo) que deveríamos expressar esse desejo em música. Ternura e liberdade são palavras diferentes para proximidade e distância, um tema que representa um papel importante nas fases de reaproximação e individualização. Narcisismo e dependência ou devoção precisam encontrar seu equilíbrio.

Jörn parece representar de maneira mecânica; a liberdade musical que tinha quando representou "uma sedi" deixou de existir. Os acontecimentos importantes parecem ocorrer em seus pensamentos*.

Após a improvisação, ele afirma:

J: Bem, quando fiz isso (toca um motivo musical), percebi como a vida poderia ser maravilhosa e me senti bem. Mas quando fiz isso (toca um motivo semelhante) experimentei imediatamente este sentimento estranho (e pouco depois) ...e você sabe o que me lembrou? Minha mãe.

Eu: Pode tocar de novo o que lhe lembrou sua mãe?

J: Bem, você sabe, a maneira que ela vive hoje começou há um ano, quero dizer, agora ela gosta de viver. Mas seu renascimento me ameaça, eu não gosto, é um sentimento estranho. Por outro lado, sua atitude nova parece ser mais estável hoje, e talvez ela não precise voltar ao psiquiatra. A princípio era uma planta minúscula e agora se tornou uma planta crescida.

Eu: Desde que você executou isso em música, acha que uma planta também está crescendo dentro de você?

J: Sim, em comparação com alguns anos atrás, ela estabilizou bastante.

Eu: Que ótimo!

J: Minha vida, no entanto, precisa mudar!

Eu: Em que aspecto?

J: Quando estou com pessoas... Quero ser feliz com as pessoas!

Eu: Eu o compreendo. Vamos começar um com o outro? Vamos ter liberdade e ternura em nossa música... Em nossa improvisação anterior, não senti realmente sua ternura e liberdade. Será que podemos mostrá-las agora um pouco mais, um ao outro, e ouvir mais atentamente o que o outro toca?

J: Sim, podemos tentar*.

Termino agora meu relato, esperando ter conseguido lhes passar uma idéia geral da musicoterapia com um paciente precocemente perturbado e de como a função e o papel da música se adaptam a diferentes camadas da personalidade e do desenvolvimento.

56

H. M. BORCHGREVINK

O Cérebro por trás do
Potencial Terapêutico da Música

I O que é música?

A música pode ser definida como uma progressão sonora não-lingüística organizada no tempo. A maior parte das tradições musicais estabeleceu um sistema altamente especificado de elementos sonoros característicos, mas cada elemento sonoro carece da específica conexão simbólica com um conceito/significado/idéia — que é característica de uma linguagem.

A música, no entanto, deve ser considerada um meio de comunicação, e, como na maioria das manifestações artísticas, as emoções, assim como os conceitos de caráter estético, ritualístico ou simbólico, podem ser expressadas — freqüentemente de maneira mais direta do que através do código verbal, desde que os meios de expressão sejam percebidos e evoquem impressões (correspondentes?) — "ressonância comunicacional" — no ouvinte.

Acredita-se que a música esteja presente em todas as culturas humanas conhecidas (Berlyne, 1971).

II Qual a influência da música?

Aspectos característicos da música específica de diferentes culturas/tradições têm sido estudados em um grande número de setores científicos. *A influência do ambiente e da tradição sobre um comportamento cultural é evidente.*

O comportamento humano é também controlado pelo cérebro: se uma pessoa é atingida com muita força na cabeça, ela perde a consciência e não responderá mais a nenhuma estimulação ambiental. O cérebro (pessoa), totalmente lesado, não registrará nem responderá à estimulação.

Parcialmente lesado, o cérebro responderá apenas parcialmente à estimulação.

Esse fato implica que qualquer comportamento — incluindo o musical — se desenvolverá em direções canalizadas — e sempre dentro dos limites estabelecidos — pelo potencional funcional do cérebro. Desse ponto de vista, diferentes manifestações de cultura e tradição refletirão necessariamente diferentes *possibilidades* de comportamento.

De um ponto de vista neuropsicológico, será de interesse, portanto, procurar características *comuns* encontradas em diferentes tradições culturais (comportamentos), visto que é provável que elementos comuns reflitam mecanismos básicos de controle cerebral.

No caso de distúrbio de comportamento, o conhecimento das funções cerebrais é algo com que o terapeuta deve contar para encontrar a abordagem mais favorável ou eficaz, que proporcione ao paciente a compensação do distúrbio.

No que se refere ao previsível efeito terapêutico da música, o raciocínio acima pode conduzir às seguintes questões básicas:

III Algumas questões básicas

1. Por que o ser humano se dá ao trabalho de produzir e executar música quando já desenvolveu um sofisticado código lingüístico de comunicação específica através do som?
   Existe uma tendência inata para o desempenho e a comunicação musical através da música (= sons de uma não-linguagem)?

2. Existem elementos musicais comuns (de todas as culturas) em diferentes culturas desprovidas de intercâmbio cultural?
   — Se existem — como podem ser explicados e quais são seus aspectos característicos?
   — O acorde consonante constitui uma preferência herdada ou desenvolvida através da cultura/tradição?

3. Como atua o ouvido?

4. De que maneira o cérebro "lê" o que vem do ouvido?
   — Por que as combinações sonoras harmônicas/consonantes costumam ser preferidas e mais atraentes do que outros sons?
   — Por que ocorrem dissonâncias na música — se existe uma preferência inata pelos acordes harmônicos/consonantes?

5. De que maneira o cérebro controla a fala e o canto?

6. As funções cerebrais indicam um potencial terapêutico da música?

7. Como atua o cérebro?
   — Princípios gerais da função cerebral
   — Funções cerebrais mais específicas: percepção e produção
   — Especialização hemisférica do cérebro

8. De que modo esses conceitos influenciam métodos e abordagens em musicoterapia?

IV Abordagens de uma resposta
1. Existe uma tendência musical inata?

Ao responder a essa pergunta, deve-se poder controlar ou, de preferência, eliminar a influência do ambiente e da tradição sobre a atividade musical. Por razões éticas (óbvias), trata-se de algo difícil de ser realizado com seres humanos. Considerando-se, no entanto, que todos os mamíferos têm, principalmente, o mesmo sistema auditivo, pode-se pesquisar se nos animais sem nenhuma experiência musical anterior ao teste, existe alguma tendência para a atividade musical.

Por exemplo, um rato de laboratório sem treino prévio "tocará", isto é, pressionará um manipulador de alavanca para obter acordes musicais se tiver que descobrir sozinho "como tocar" e sem outra recompensa se não o acorde?

Sim, ele o fará. Em um experimento onde tríades consoantes contrastantes (harmônicas) e dissonantes puderam ser obtidas de duas alavancas idênticas, ratos individualmente testados (22) desenvolveram e mantiveram uma atividade de pressão da alavanca ("tocar") durante todo o período experimental (mais de três semanas). A média de pressão da alavanca foi bem diferente da manifesta por um grupo de controle submetido à experiência do mesmo ambiente, sem, no entanto, obter os acordes quando a alavanca era pressionada (Borchgrevink, 1975a).

Experimentos similares com sons simples ou ruídos demonstraram efeitos diferentes: camundongos e ratos revelaram reações insignificantes ou de aversão ao som (para consulta, ver Stevenson 1969), de acordo com minhas próprias observações em testes preliminares com sons simples.

Portanto, para animais desprovidos de experiência musical, sons musicais de certa complexidade, como acordes contrastantes, parecem mais interessantes do que sons regulares, sem possibilidade de variação estimulativa.

Observa-se comumente que mesmo crianças pequenas e crianças portadoras de retardo profundo prestam uma particular atenção à música. Por exemplo, quando ouvem música, elas apresentam movimentos rítmicos ou balançantes "automáticos", de um tipo que não se vê em adultos ou crianças mais velhas — e isso se deve mais a fatores inatos do que a respostas aprendidas a partir da estimulação ambiental. Pode-se observar discriminação complexa de ritmo em bebês logo após o nascimento, bem antes que se estabeleça a função de fala/linguagem (Demany *et al.*, 1977).

Esse fato — combinado com a comprovação de que a música é considerada como parte de todas (?) as culturas humanas conhecidas (Berlyne, 1971) — indica que é evidente a existência de *uma tendência inata no ser humano por estimulação sonora musical (não-verbal)*.

2. Existem elementos musicais comuns (de todas as culturas) na maioria das culturas musicais?

Dentro de todas as manifestações artísticas, existem muitos elementos e modos de expressão, bem descritos em vários campos da ciência e diariamente exemplificados por diferentes grupos de pessoas que são atraídas por diferentes tipos de música.

A despeito das diferenças óbvias entre tradições distintas, existem certos elementos ou aspectos musicais comuns a todas ou à maior parte das diferentes tradições?

Para evitar que se caia num infindável tratado, podemos restringir a discussão às características do som musical, às combinações sonoras que aparecem nos acordes (simultâneos) e aos intervalos (melódicos) da música em diferentes culturas.

Acordes e intervalos consonantes (harmônicos) são encontrados em acordes e linhas melódicas da maioria (todas?) das culturas musicais (observação do autor, Berlyne, 1971). Descobertas arqueológicas revelaram que no ano 900 a.C. litofones chineses ("xilofones" feitos de pedra) eram afinados em intervalos consonantes (Kuttner, 1964), centenas de anos antes que Pitágoras desenvolvesse suas teorias harmônicas baseadas nas tradições musicais da Grécia antiga.

Experimentos psicológicos cuidadosamente controlados demonstram que os acordes consonantes são preferidos a outras combinações tonais em nossa cultura ocidental (consultar Cazden, 1961; Plomp & Levelt, 1965; Terhardt, 1977).

A preferência pelo acorde consonante é hereditária ou foi desenvolvida através da cultura/tradição?

Essa preferência pela consonância existente em todas as culturas é desenvolvida através da *influência ambiental* (tradição cultural)? Em

caso afirmativo, por que os intervalos consonantes foram preferidos em primeiro lugar?
Ou, alternativamente: a preferência pela consonância é hereditária? Conforme afirmamos acima, a similaridade fundamental, plenamente confirmada, do aparelho auditivo periférico em mamíferos propicia a oportunidade de eliminar a influência do ambiente e da tradição quando se pesquisa as preferências básicas pelos acordes em animais sem nenhum treinamento anterior em termos experimentais e musicais. A preferência pela consonância encontrada sob tais condições em uma espécie não humana é uma indicação satisfatória da presença de uma predisposição hereditária que influencia a avaliação de acordes e a percepção sonora em mamíferos de um modo geral, incluindo o ser humano.

Quando ratos (32) testados individualmente puderam escolher com liberdade qual das duas alavancas idênticas deviam pressionar para obter *consonância* (tríade harmônica maior) e *dissonância* (tríade dissonante de freqüências e intensidade correspondentes), eles demonstraram uma preferência pelo acorde consonante bastante significativa em termos estatísticos. Não se proporcionou nenhum pré-treinamento ou recompensa além dos acordes (Fig. 1).

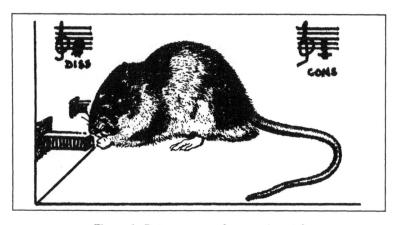

Figura 1. Rato em um cubo experimental, obtendo acordes mediante pressão nas alavancas.

Inicialmente, a média de pressão das duas alavancas foi igual; no entanto, numa situação de escolha (operante) isenta de influência externa, a preferência pela consonância se desenvolveu após uma semana e foi mantida por mais tempo (mais de duas semanas). A possível influência de preferência posicional foi controlada pela relação acorde/alavanca escolhida ao acaso para cada rato (Borchgrevink, 1975b, 1982a).

O fato de geralmente encontrarmos acordes e intervalos consonantes em diferentes culturas musicais parece ser causado, portanto, por uma tendência herdada dos mamíferos de preferirem tais combinações sonoras (consonantes). Se considerarmos apenas a influência do ambiente e da tradição, torna-se por outro lado difícil imaginar de que modo um aspecto tão específico como as relações sonoras harmônicas pôde se desenvolver de maneira tão independente em diferentes culturas musicais através dos tempos, assim como em ratos sem treinamento prévio — e tudo ao acaso.

Esse fato implica que deve existir alguma *predisposição neurobiológica* que faz com que determinadas combinações sonoras soem de um jeito especial ao ser humano.

3. Como funciona o ouvido?

A explicação pode ser encontrada, com maior probabilidade, nos mecanismos básicos da audição e na maneira como o cérebro "lê" a mensagem a partir do ouvido.

Não ouvimos com o nosso ouvido. Ouvimos com o cérebro. *O ouvido simplesmente converte ondas sonoras (vibrações) em impulsos nervosos: a linguagem do cérebro.*

O som é ouvido quando vibrações (ondas) com freqüências entre 20 e 20.000 ciclos por segundo (Hertz-Hz) alcançam o ouvido em um nível suficiente de intensidade. A altura do som constitui o correspondente perceptivo da freqüência; quanto maior for a freqüência, mais agudo será um som. A intensidade do som é o correspondente perceptivo da amplitude das vibrações; quanto maior for a amplitude da vibração, mais intenso será o som.

Quando as ondas sonoras alcançam o ouvido, o tímpano é acionado como uma membrana microfone, vibrando com a freqüência do som. As vibrações são transmitidas através dos ossículos do ouvido médio para a cóclea e, então, movimentam as fibras de uma membrana que está no interior da cóclea. Essa membrana (basilar) é composta de "cordas" transversais, entrelaçadas, cada uma afinada com uma freqüência/altura específica. Devido às leis da ressonância e da estrutura da membrana, as vibrações da membrana (deslocamento) serão maiores na "corda" que está afinada com a freqüência em questão. Cada nota terá, assim, uma localização específica ao longo da membrana — da mesma forma como as cordas de uma harpa ou de um piano. As "cordas" no ouvido interno são acionadas pela ressonância, de um modo bastante semelhante ao que ocorre quando se levanta a tampa do piano e se *grita* no seu interior, en-

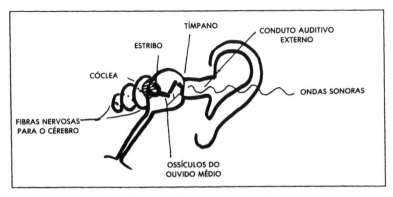

Figura 2. Estrutura do ouvido

quanto se aperta o pedal direito; o piano "responde" com um som fraco correspondente à altura do grito devido às vibrações (ressonância) nas cordas afinadas com o grito (Figuras 2 e 3).

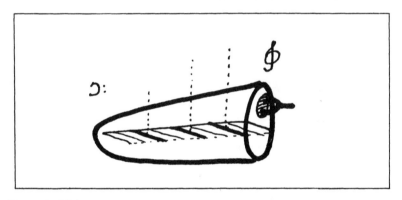

Figura 3. Cóclea desenrolada com "cordas" incrustadas na membrana basilar. O deslocamento da membrana é maior no local onde a corda é afinada à freqüência do som: cada som tem seu próprio local (estão indicados três pontos de deslocamento máximo para um acorde de três sons).

Células sensitivas com cílios no ápice estão incrustadas na membrana. Quando os cílios se inclinam durante o deslocamento da membrana, ocorre a liberação de uma substância química eletricamente carregada, que é recolhida por uma fibra nervosa que conduz esse impulso nervoso para o cérebro. No caso de ocorrerem muitos sons ao mesmo tempo durante o estímulo sonoro, cada som produzirá deslocamento da membrana no seu lugar característico na mesma e a correspondente combinação de mensagem é transferida pelas fibras nervosas para o cérebro (Fig. 4).

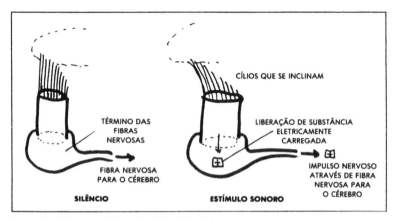

Figura 4. Célula sensitiva ("célula ciliada") em silêncio e durante estímulo sonoro, quando os cílios se inclinam pelo movimento da membrana, de modo que a célula libere uma mensagem elétrica (impulso nervoso), que é transferida ao cérebro através de uma fibra nervosa.

4. Como o cérebro "lê" o que lhe chega através do ouvido?

Visto que a maioria dos impulsos virão dos lugares de deslocamento máximo da membrana (porque nesse momento os cílios estarão inclinados em mais células do que nas áreas vizinhas da membrana), o cérebro poderá "ler" quais freqüências estão presentes (simultaneamente) durante o estímulo sonoro pelo fato de que as fibras nervosas (caminhos) no sistema auditivo proporcionam ao cérebro uma "visão geral" do padrão de freqüências simultaneamente presentes (Borchgrevink, 1982a).

Diferentes acordes musicais e sons da fala possuem diferentes padrões. As diferenças de timbre entre instrumentos musicais e entre vozes humanas são também causadas por diferenças no padrão de freqüência (harmônicos). O cérebro discrimina os diferentes padrões de freqüência de um modo bem complexo e bastante preciso, e possui também uma espantosa capacidade de "lembrar" e identificar diferentes padrões de freqüência — enquanto a capacidade de armazenar e identificar freqüências simples é limitada (com uma exceção: pessoas que apresentam o chamado "ouvido absoluto"). Provavelmente, este é o motivo pelo qual o significado da fala é codificado em termos de reconhecimento de padrão (fonema), em vez de nível de freqüência (altura): as relações de altura se identificam apenas como padrões seqüenciais sonoros (melódicos ou prosódicos) de duração limitada e com cada som em uma altura vinculada ao som precedente ou a uma estabelecida freqüência fundamental/tonalidade (chamada de a estratégia do "ouvido relativo" presente na maioria das pessoas).

Se os acordes consonantes e intervalos originam percepções específicas nos mamíferos, inclusive no ser humano, conforme indicado acima, deve-se buscar o motivo na estrutura e na função desse padrão, analisando-se a capacidade do cérebro.

O som musical representa um sistema bem definido de classificação de sons e, dessa maneira, oferece uma abordagem estruturada ao estudo dos princípios de funcionamento do sistema auditivo. Através de combinações sonoras pode-se cobrir a extensão que vai do simples som ao ruído, variando o número de sons simultâneos e suas relações de freqüência. A tarefa um tanto delicada de investigar a qualidade perceptiva pode, portanto, ser solucionada transformando-se o estudo da impressão qualitativa e subjetiva da percepção individual (que é difícil determinar) numa tarefa definida de registrar o número de sons percebidos durante um estímulo multissonante. Através da variação sistemática do número de sons em cada estímulo apresentado e suas relações de freqüência — pedindo-se a um músico especializado (professor de solfejo) para observar "Quantos sons você ouve nesse acorde?" (procedimento não-verbal, escolha forçada de um, dois, três, quatro, cinco ou mais sons em cada acorde) —, consegue-se um mapeamento psicoacústico da capacidade humana de analisar a complexidade sonora dentro de seus elementos. Esses dados incluirão, necessariamente, informações relativas à natureza da qualidade perceptiva — e, desse modo, a partir dos padrões previsíveis decorrentes de erros e análises corretas, pode-se encontrar os principais aspectos do mecanismo de percepção sonora.

Doze professores especializados de solfejo, seis deles com ouvido absoluto, analisaram individualmente o número de sons presentes em cada um de 69 diferentes acordes. Os acordes continham um, dois, três ou quatro sons puros e se ordenavam ao acaso (de maneira não sistemática). Os resultados demonstraram que a análise sonora era insuficiente quando as combinações sonoras apresentadas coincidiam com a série harmônica (sons harmônicos ou concomitantes derivados do som gerador). A capacidade de análise aumentava à medida que se desviava da série harmônica da freqüência mais baixa no acorde. *O cérebro parece atuar, portanto, como um analista do padrão sonoro, utilizando relações de freqüência harmônicas como um "modelo" (referência) para a análise sonora* Borchgrevink, 1977, 1982a).

Havia uma tendência generalizada de julgar que os acordes continham *menos* sons do que o verdadeiro número de sons presentes, o que indica uma considerável *fusão*. A fusão era maior nos acordes de sons que coincidiam com a série harmônica da nota mais grave. A fusão ocorre quando os sons complexos, concomitantes e harmonicamente relacionados de um instrumento musical são percebidos como *uma altura*.

A fusão no nível perceptivo indica uma similaridade de mensagem para o cérebro entre o estímulo verdadeiro e o irreal (percebido).

Os acordes consonantes consistem em combinações de freqüências harmonicamente relacionadas.

A consonância e a altura do som podem, em conseqüência, representar diferentes graus de fusão perceptiva ao longo da mesma dimensão, causados pelo modelo harmônico para a análise sonora — uma conseqüência perceptiva da estrutura do sistema auditivo dos mamíferos e dos efeitos das leis de ressonância sobre o ouvido (Borchgrevink, 1982a).

Por que as combinações sonoras harmônicas costumam ser preferidas e consideradas mais agradáveis do que outros sons?

Os sons harmônicos ou concomitantes são inevitavelmente produzidos por todos os instrumentos musicais. O complexo padrão sonoro causado pela interferência entre sons de instrumentos diferentes tocados simultaneamente e entre sons seqüenciais do mesmo instrumento terá, portanto, uma interferência menos caótica em sons concomitantes do que em outras combinações sonoras. Os sons harmônicos são também anexados pelo ouvido. Do ponto de vista do cérebro, a percepção sonora se organizará, portanto, desse modo específico apenas no caso de sons harmônicos.

Dentro de tal sistema, os sons harmônicos originarão um sistema específico e altamente característico de impressões sonoras que difere de todas as outras combinações sonoras. Esse fato pode explicar a posição singular dos sons harmônicos encontrada nas tradições musicais por todo o mundo e através da história, assim como a preferência pela consonância também presente nos ratos destituídos de influência ambiental, conforme foi demonstrado.

A partir disso, podemos concluir que a preferência pela consonância encontrada em todas as culturas humanas, assim como nos ratos destituídos de influência ambiental, deve ser causada por *predisposição neurobiológica*, sendo uma conseqüência estética, *perceptiva, dos efeitos das leis acústicas sobre o sistema auditivo dos mamíferos.*

Por que ocorrem dissonâncias em música — se existe uma preferência inata pelas combinações harmônicas/consonantes?

A existência de dissonância em música não representa um argumento crucial contra a validade geral da preferência pela consonância herdada pelo ser humano. Toda peça musical apresenta uma progressão harmônica, rítmica e melódica, demonstrando acomodações de orientação estética e emocional entre novidade e expectativa. Acredita-se que a música, em conseqüência, parta de consonâncias perfeitas para extensões diferentes, dependendo do ambiente/tradição e do nível de complexidade. Diferentes graus de consonância e mesmo dissonâncias e ruídos podem, portanto, ser utilizados como meio de expressão e variação. A "imagem" perceptiva característica da consonância, que parece ser causada pela predisposição hereditária, existe, naturalmente, relativa a outro som. Na música, a variação de acordes é, dessa maneira, esteticamente apreciada pelo ser humano, muito embora experimentos psicológicos registrem avaliações importantes de apenas algumas consonâncias estáticas. Se não fosse assim, a música provavelmente não existiria: "a serenidade máxima é o silêncio total, de modo que precisamos simplesmente eliminar toda música para alcançar a consonância eterna" (Ernst Mach, 1895).

Tradições musicais diferentes podem, nesse caso, refletir diferentes graus de desvio de uma percepção específica e hereditária de combinações harmônicas. Toda tradição musical pode, portanto, achar seus próprios pontos de equilíbrio (estético) entre esse esquema herdado e estabelecido de acordes e intervalos harmônicos (seqüência harmônica) e dissonâncias/ruído (representando diferentes graus de desvios da seqüência harmônica) como um exemplo do equilíbrio entre novidade e a (esperada) tradição que parece orientar a maior parte da atividade estética.

Nessas condições, a existência da música atonal (desvio sistemático da seqüência harmônica) não deve questionar o conceito da herdada preferência pela consonância, assim como a presença da arte não-figurativa não põe em questão a existência da forma naturalista.

5. De que maneira o cérebro controla a fala e o canto?

O processo cerebral da fala e da música implica a análise e a identificação de
— o *padrão espectral* do som complexo: em quais sons e seus concomitantes o estímulo sonoro consiste de:
— o *padrão de seqüência temporal* do som complexo durante um certo período de tempo: a progressão sonora durante um tempo.

Pode-se supor, portanto, que as funções da fala e da música têm probabilidade de contar com mecanismos comuns controlados pelas mesmas partes do cérebro.

Tendo como base a deficiência de fala/linguagem após lesão cerebral, sabe-se de longa data que a percepção e a produção da fala são controladas pelo lado "dominante" (geralmente o esquerdo) do cérebro. Acreditava-se até recentemente que as funções musicais eram controladas pelo hemisfério "não dominante" (que não é da fala) (ver Kimura, 1964).

A capacidade da fala e do canto pode contudo ser testada durante uma anestesia seletiva e temporária de um hemisfério depois do outro (realizada com objetos de diagnóstico, para se certificar de qual hemisfério controla a fala/linguagem/memória de modo que essas não sejam atingidas durante uma neurocirurgia planejada).

Quando se marca os tempos um, dois, três, quatro, cinco, seis, sete de uma melodia (em vez da letra da música) durante a *anestesia do hemisfério direito* (que não é da fala), o paciente destro normalmente perde o controle da altura e da tonalidade — contando de maneira monótona, mantendo o ritmo da música. Durante a recuperação (de três a cinco minutos), o controle do som é gradualmente restabelecido. As características flagrantes da linha melódica são restabelecidas em primeiro lugar ("envoltório melódico"), sendo que a precisão da altura dentro dessa flagrante linha melódica é o último elemento a ser restabelecido. A consciência, a compreensão normal e a produção da fala, *incluindo a prosódia/acentuação normal* (o padrão tonal da fala), são inteiramente mantidas (Borchgrevink, 1982b).

A anestesia do hemisfério esquerdo nos mesmos pacientes ocasiona uma perda repentina da compreensão e da produção da fala *e da capacidade de começar/iniciar o canto* — funções que também são restabelecidas repentinamente. Em alguns pacientes, o canto pode facilitar (ajudar) a fala na etapa inicial da recuperação: o paciente não consegue falar/marcar, mas pode marcar os tempos da melodia — exatamente como na terapia melódica para afásicos (ver Sparks & Holland, 1976); em outros pacientes, a fala pode apenas ter início através de um movimento simultâneo voluntário (prontidão motora) da mão direita, por exemplo, conforme foi observado na afasia transcortical motora (Borchgrevink, 1980a, 1982b). Isso comprova as observações comuns de que as pessoas que gaguejam quase sempre *cantam fluentemente* — e que a fala, em geral, é acompanhada (ajudada?) por gesticulação dos braços/mãos.

Combinando essas descobertas com o que já se conhece sobre a especialização hemisférica do cérebro, podemos concluir que:

Na pessoa destra, o *hemisfério esquerdo* controla a percepção e a produção da fala, leitura/escrita, cálculo, matemática (não geometria), prosódia, ritmo musical e *raciocínio analítico e lógico*, assim como o início do ato de cantar. Um aspecto comum dessas funções é a *análise padrão da duração do tempo* — análise da seqüência temporal — (por exemplo, o ritmo, onde as características do padrão não se situam em cada batida, mas na seqüência de tempo e repetições/regularidade das batidas. Se o fator tempo é eliminado, como quando se fotografa alguém percutindo o tambor, o ritmo não pode ser captado através do estudo da fotografia).

Na pessoa destra, o *hemisfério direito* controla a altura do som, a discriminação e a identificação de acordes musicais e outros sons sem conteúdo lingüístico, forma/figura, orientação espacial — e também, com muita probabilidade, o controle das emoções. Um aspecto comum dessas funções é a *análise de padrão num instante* — análise de informações vigentes simultâneas — (por exemplo, a análise do acorde, onde a combinação de freqüência de sons simultâneos é o elemento característico. O fator tempo é irrelevante; um acorde perfeito maior soa "maior" se sua duração for de meio segundo ou de um minuto. Mesmo que se elimine o fator tempo fotografando-se um organista, o acorde tocado será visto nas teclas simultaneamente pressionadas que aparecem na fotografia).

Acredita-se que o hemisfério direito seja responsável pela *intuição*, a capacidade de se chegar à solução correta de um problema pela abordagem holística, sem necessidade de raciocínio seqüencial, lógico-analítico (consciente?) (Fig. 5).

O senso de ritmo pode ser preservado, ainda que a função da fala/linguagem esteja prejudicada/perdida (Borchgrevink & Reinvang), de acordo com a observação comum de que bebês (Demany *et al.*, 1977) e crianças (portadoras de deficiência mental) com ausência de fala/linguagem podem discriminar diferentes padrões rítmicos.

6. As funções cerebrais indicam um potencial terapêutico da música?

Conseqüentemente, enquanto as funções da fala/linguagem e da música parecem ser controladas por diferentes áreas do cérebro — e, portanto, prejudicadas de maneira seletiva — *o estímulo musical (não da fala) representa um canal alternativo* para (o estabelecimento de contato e) a comunicação, caso a pessoa não responda aos canais normais de comunicação. Além do mais, a música/canto e o movimento simultâneo (rítmico) podem ajudar na iniciação da fala e podem também criar uma estrutura no tempo que facilite (a iniciação e a programação da complexa) resposta motora em geral.

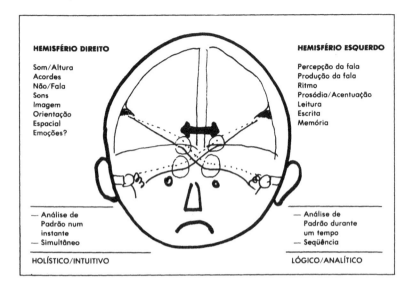

Figura 5. Especialização dos hemisférios em uma pessoa destra.

Essa comunicação através do estímulo musical/sem a fala obviamente *não* requer processo cognitivo antecipado; sua eficácia foi observada em animais, bebês e crianças portadoras de deficiência mental sem linguagem.

Do que se sabe a respeito dos efeitos do estímulo musical sem a fala nos seres humanos, evidencia-se a conclusão de que *o estímulo sonoro musical sem a fala pode ser utilizado em diversos objetivos terapêuticos*:

— objetivos de comunicação — o alvo sendo limitado à comunicação (intuitiva) através da música;
— como um meio de estabelecer contato/comunicação a fim de tornar outra estimulação/aprendizagem possível;
— para facilitar (ajudar) o início de outra função (da fala, motora);
— como um sinal para que se inicie comportamento (esperado) e rotinas;
— como uma estrutura no tempo que facilite a atenção e a estrutura de uma situação terapêutica/pedagógica;
— para estabelecer diagnósticos, como parte da avaliação funcional de disfunções cerebrais (Borchgrevink, 1980b, 1982b).

O efeito da música sobre a emoção/comunicação é reconhecido pelo menos desde a época de Pitágoras na Grécia antiga, bem antes de Cristo. Como os efeitos dependem, sem dúvida, do contexto e das condições do estímulo, pouco sabemos a respeito dos efeitos específicos de determinada música ou de determinado estímulo musical em todas as condições e sobre todas as pessoas — exceto os mecanismos básicos resumidos acima. Esse fato implica que a escolha do alvo, as condições e abordagem na musicoterapia, assim como as modificações necessárias requeridas ao longo da terapia — e as *indicações para a utilização da musicoterapia* —, têm que ser estabelecidas para cada paciente, com base no seu nível e em suas características de função, na história de seu desenvolvimento anterior, em seu suposto potencial de desenvolvimento — e nas conseqüentes e eventuais vantagens da musicoterapia *versus* abordagens alternativas.

Esse fato significa que o musicoterapeuta, assim como os membros da equipe responsáveis pelo diagnóstico do paciente, precisa ter conhecimento do funcionamento do cérebro e dos mecanismos flagrantes que estão por trás dos danos funcionais que se seguem a acidentes cerebrais.

7. Como funciona o cérebro?

Princípios gerais do funcionamento do cérebro:

O corpo humano consiste em duas metades simétricas controladas pelo cérebro (o sistema nervoso central). O cérebro é similarmente dividido em duas metades simétricas, e cada hemisfério cerebral controla a parte oposta (contralateral) do corpo humano (Fig. 6).

Diferentes áreas do cérebro controlam diferentes funções específicas. A patologia cerebral (traumatismo, doença, distúrbio de desenvolvimento) raramente afeta todas as áreas do cérebro na mesma extensão. A patologia cerebral, portanto, apresenta diferentes conseqüências funcionais.

Toda função, de um modo geral, é controlada pelo equilíbrio relativo entre os centros de efeito oposto (antagônico) sobre a função. O controle se efetua através da liberação de impulsos nervosos (químico-elétricos) das terminações nervosas que ficam no alvo (ou próximo dele) da unidade órgão/funcional. Algumas fibras carregam impulsos de "*investida*" (excitantes), que podem ser chamados de fibras (+), enquanto outros apresentam um efeito inibidor de "parada", que podem ser chamados de fibras (−). O efeito reticular dos grupos de impulsos (+) e (−) determina o tipo e o grau da resposta.

A patologia cerebral e, também, certos medicamentos podem influenciar o equilíbrio e, dessa maneira, a função/resposta ao estímulo.

Toda função apresenta um *limiar de resposta*: a quantidade mínima de impulsos requerida para iniciar a função. A patologia cerebral, doenças e medicamentos podem alterar esse limiar, de modo

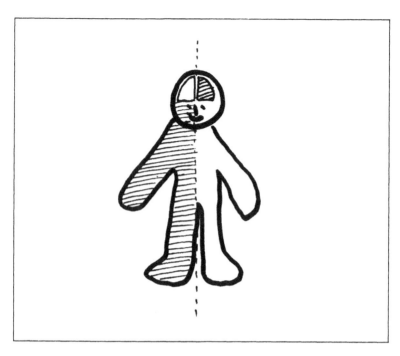

Figura 6. O hemisfério esquerdo controla a metade direita do corpo humano.

que a quantidade normal de impulsos não consegue causar uma resposta — de um modo alternativo, pela redução da quantidade de impulsos (+) ou pelo aumento da quantidade de impulsos (−) que alcancem o alvo unidade/órgão.

A partir disso, evidencia-se que o treinamento (estimulação) pode falhar em apresentar os mesmos resultados (resposta) nos casos que envolvem lesão orgânica do cérebro: se, por exemplo, mil impulsos forem necessários para iniciar uma determinada função, e o cérebro puder apenas fornecer oitocentos impulsos devido a um número reduzido de células, lesão de células ou fibras nervosas ou insuficientes sinapses (insuficiente "programa" cerebral), a resposta fica bloqueada.

Em um sentido geral, o cérebro consiste em amplo número de sistemas especializados e automáticos (rigidamente programados) com tarefas definidas a serem desempenhadas — e flexibilidade análoga insuficiente — *sob controle de supervisão e coordenação do córtex cerebral*: a área mais externa, desenvolvida e flexível do cérebro. Pode-se considerar que o córtex exerce amplo controle através da inibição ou não de impulsos originados nos centros subjacentes — como uma capa ou cobertura de um"vulcão". Além disso, o córtex participa e é responsável pela atenção, processamento, planejamento, programação e execução de uma função desenvolvida e bem coordenada.

A função normal, bem coordenada e matizada, requer um equilíbrio razoável entre os centros antagônicos (+) e (−) abaixo do córtex, *assim como* entre o efeito reticular dos centros subcorticais (amplamente (+) contra o córtex (amplamente (−) em nossa "terminologia"). Convém lembrar que uma balança (de peso) pode sofrer uma queda grande, porém lenta e "coordenada", se um peso de 1g for colocado em um dos pratos — mas o mesmo peso não ocasionará nenhum efeito se um peso de 1 000 g já estiver colocado no outro prato (Fig. 7).

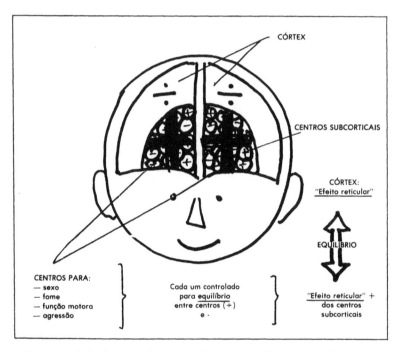

Figura 7. Princípios de função cerebral: controle pelo equilíbrio entre campos opostos (antagônicos).

Nos adultos normais, há um "equilíbrio razoável" entre (+) e (−), e somos capazes de desempenhar funções exatas, bem coordenadas e matizadas com bastante rapidez — até compensando condições alteradas de maneira imprevista.

Quando o bebê nasce, o córtex ainda é bastante imaturo e, portanto, funciona com menos eficácia do que numa idade posterior. O bebê apresenta coordenação e controle de resposta insuficientes, assim como uma capacidade limitada de atividades de inibição/controle de centros poucos desenvolvidos — *com conseqüentes respostas automáticas reflexas à estimulação* orientadas pelos centros rigidamente programados (subcorticais) (Fig. 8).

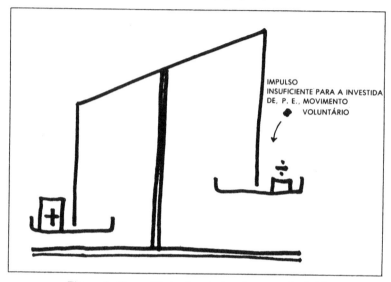

Figura 8. O equilíbrio do cérebro imaturo do bebê (o mesmo ocorre na lesão cerebral).

O desenvolvimento biológico do córtex aumenta gradualmente a eficácia cortical e melhora o equilíbrio *versus* centros subjacentes, o que no bebê significa um controle funcional gradualmente aperfeiçoado com o tempo.

O desenvolvimento psicomotor da criança refletirá, portanto, o grau de equilíbrio alcançado, o grau de maturação do córtex.

As diferentes etapas do desenvolvimento psicomotor são atingidas em níveis surpreendentemente constantes de idade em crianças de diferentes sociedades, o que explica que esquemas para o desenvolvimento psicomotor baseados em estudos de crianças de uma sociedade se apliquem também a crianças de outras sociedades.

A patologia cerebral tende a causar maior impacto no córtex.

Uma lesão cortical acarreta a redução no desenvolvimento da coordenação de movimentos finos — assim como a repressão dos centros básicos subcorticais. Nos adultos, a lesão cortical pode falhar na inibição das respostas reflexas primitivas, que reaparecerão, como nos bebês, representando sérios obstáculos à coordenação e ao controle voluntários. Os bebês que nascem com lesão cortical apresentam um equilíbrio (+)/(–) ainda mais deficiente do que os normais. Conseqüentemente, mais tempo será necessário para que o córtex compense essa deficiência (–) extra. O desenvolvimento psicomotor apresentará, portanto, um atraso. Em muitos casos, o cérebro jamais alcançará um equilíbrio/controle normais — e a pessoa fica com as funções prejudicadas após completada a maturação do cérebro, por volta da puberdade.

Um atraso psicomotor significante, portanto, sinaliza uma lesão cerebral.

Estabelecendo critérios para identificar um significante atraso de desenvolvimento, podemos selecionar as crianças com suspeita de distúrbios orgânicos cerebrais e decidir se necessitam de certos tipos de estimulação, tratamento e treinamento — baseados no exame completo das funções prejudicadas e intactas e no potencial de desenvolvimento das pessoas.

No sistema nervoso central, células e fibras nervosas necrosadas ou lesadas jamais serão renovadas ou substituídas.

Conseqüentemente, ninguém se recupera de uma lesão cerebral. A recuperação freqüentemente observada nos três ou seis primeiros meses após grave enfermidade cerebral reflete, sem dúvida, o restabelecimento de funções em unidades não lesadas, mas apenas (temporariamente) prejudicadas no seu funcionamento durante a doença. As funções prejudicadas que se mantêm após esse período refletem em geral uma persistente lesão cerebral.

As possibilidades de compensação de uma função prejudicada através da utilização de outras áreas intactas do cérebro são, em geral, limitadas, uma vez que cada função cerebral tende a ser controlada por centros específicos com localizações definidas no cérebro. Muito embora uma função complexa como a fala, por exemplo, requeira coordenação entre muitas áreas do cérebro para que se efetuem as funções implícitas cognitivas, codificadoras/decodificadoras e motoras, a consistência dos sintomas registrados após a lesão em áreas específicas do cérebro (por exemplo, os centros de fala/linguagem) — e a resistência à melhora usualmente observada na terapia — indica que não se deve ser otimista demais quanto à possibilidade de o paciente ser "salvo" pela plasticidade cerebral — a provável capacidade do cérebro de restabelecer áreas prejudicadas através do uso compensatório de áreas/caminhos intactos. O mesmo tipo e o mesmo grau de lesão podem conduzir a um tipo e a um grau de deficiência funcional muito diferentes, dependendo da localização e do tamanho da área cerebral afetada: uma pequena lesão pode passar despercebida em áreas de significado menos específico (funcional), enquanto a mesma lesão, se localizada no centro da fala, pode deixar o paciente sem capacidade de falar para o resto da vida (exatamente como uma bomba caída na rede elétrica de um cruzamento de uma estação ferroviária central de uma cidade pode afetar mais o tráfego/comunicação do que se caísse num desvio de linha férrea sem saída).

No entanto, o potencial de recuperação é maior quanto mais jovem for a pessoa, possivelmente devido à ativação bem-sucedida de unidades cerebrais intactas durante o período de maturação do cérebro, quando a plasticidade do cérebro parece estar aumentada — especialmente se o centro em questão é lesado de modo considerável no nascimento ou bem no início da vida (de maneira que também perde seu evidente domínio sobre o centro correspondente na metade oposta do cérebro?) (Borchgrevink, 1982b).

Funções específicas do cérebro
Conforme foi mencionado acima, diferentes partes do cérebro controlam diferentes funções, ou melhor: diferentes *elementos* de uma complexa função. O controle de uma função complexa pode envolver o processamento combinado de muitas partes do cérebro.

Sensação, percepção e processamento de estimulação de ENTRADA ocorrem em grande escala nas partes que se localizam atrás do cérebro, enquanto as regiões frontais controlam as *funções de produção/SAÍDA, isto é, resposta comportamental, controle de impulso, função motora e de atenção.*

Percepção é o resultado de:
— *sensação*: a conversão (automática) de estimulação em impulsos nervosos (desempenhada pelo nervo sensitivo);
— *discriminação*: a capacidade de discernir se dois estímulos são iguais ou diferentes (após análise de padrão envolvendo o córtex);
— *identificação*: a capacidade de reconhecer o estímulo comparando-o com uma impressão previamente armazenada; por exemplo, de responder apenas a um estímulo *alvo* e não a outros; reconhecimento de palavras (envolve discriminação + memória);
— *detecção de mensagem*: capacidade primitiva de compreender que um estímulo (por exemplo, um som) pode se *referir* a algo mais do que o estímulo em si mesmo, isto é, ir à porta quando a campainha toca (envolve identificação + aprendizagem/memória ao que a mensagem se refere, mas pouca ou nenhuma cognição);
— *função simbólica*: mais desenvolvida do que detecção de mensagem, requer capacidade de compreender que o estímulo se refere a

um conceito ou idéia sem nenhum vínculo (físico ou ambiental) entre o estímulo e aquilo a que ele se refere (por exemplo, não olhar o *dedo* de uma pessoa que aponta para algo); estar em condições de conhecer a fundo avançados códigos referenciais de linguagem para conceitos abstratos e teóricos (envolve identificação + organização da memória + cognição).

A *percepção não é, portanto, a recepção passiva do estímulo, mas requer um ativo processamento cerebral* que envolve atenção e diversas estratégias de cognição (Borchgrevink, 1982c, 1985) — mesmo no nível da sensação (Gerken, 1985).

Diferentes disfunções cerebrais podem conduzir a diferentes distúrbios de percepção, que refletem a função prejudicada em um ou mais níveis envolvidos no processamento do estímulo — por um (em geral) ou mais (raramente) canais/modalidades sensoriais.

Produção/saída, (por exemplo, a *função motora*) será processada de modo análogo em vários níveis.

Função motora pode incluir funções *automáticas*, como:
— *reflexo simples (mono-sináptico)*: a mensagem sensorial é transmitida por uma conexão nervosa diretamente à célula nervosa (por exemplo, motora) na medula espinhal, que apresenta controle de conexão única do órgão (por exemplo, músculo), levando a uma resposta automática à estimulação. Exemplo: o "reflexo patelar", em que a resposta à percussão do tendão rotuliano pelo martelo leva à contração involuntária do músculo estendido;
— os chamados *reflexos primitivos*: "instintivos", resposta automática à estimulação (mais complexa). Exemplos: a *busca*/orientação da boca em direção a algo que toque a área bucal e a *sucção* quando esse algo toca os lábios (conveniente para a sobrevivência de bebês mamíferos que dependem da amamentação);
— extensão dos membros (*reflexo de Moro*) quando se solta o bebê e ele se assusta, e o ato de *agarrar* (reflexo de preensão) quando é tocado na parte interna da mão (conveniente a macacos bebês que vivem em árvores — de um ponto de vista darwinista, desperta a curiosidade o fato de o reflexo persistir no bebê humano: será que os que não tinham essa combinação reflexa teriam caído, morrido e, conseqüentemente, deixado de transferir a combinação à nova geração?).

Esses reflexos são amplamente controlados pelos centros abaixo do córtex, ao contrário da *resposta motora voluntária, onde o cérebro decide iniciar ou desempenhar uma determinada tarefa motora, que envolve (pelo menos)*:
plano/programa motor: plano para solucionar a tarefa motora

e um programa mais detalhado para a coordenação dos músculos envolvidos na tarefa motora (envolve o córtex pré-frontal);
— *iniciação* (início/parada) da resposta;
— *desempenho motor*: executar o movimento de acordo com o plano/programa (envolve o córtex motor e os caminhos descendentes ao músculo).

Diferentes disfunções cerebrais podem conduzir a diferentes espécies de distúrbio motor, revelando quais das funções acima mencionadas estão prejudicadas e em que extensão. Diferentes funções implicam diferentes problemas subjacentes — e requerem, portanto, diferentes (específicas) estratégias terapêuticas.

Qualquer resposta motora pode também ser prejudicada em conseqüência de um controle sensorial (realimentador) prejudicado, enquanto o cérebro naturalmente se torna incapaz de iniciar e ajustar adequadamente uma resposta motora caso a posição de início e/ou o controle da coordenação em andamento seja insuficiente.

Um distúrbio motor pode, portanto, refletir um distúrbio sensorial, exatamente do mesmo modo que distúrbios da fala podem ser causados por alterações da percepção, como no caso de surdez.

Hierarquias correspondentes de funções elementares existem como base para outros tipos de resposta/produção controlados pela área frontal do cérebro.

Enquanto a percepção conta com um processamento que envolve atenção e estratégias específicas, o controle do córtex frontal (atenção e coordenação) pode ter influência na percepção.

Confrontando com um determinado distúrbio no nível de resposta, não devemos, portanto, tirar conclusões precipitadas sobre as causas da disfunção, *mas realizar um completo exame funcional* dos processos em questão, a fim de chegar a um diagnóstico específico que sirva de base para a intervenção terapêutica: qual abordagem terapêutica deve ser escolhida, considerando-se o nível de função da pessoa, a qualidade da função, o tipo e as características do distúrbio funcional e o suposto potencial de desenvolvimento para cada função. Foi desenvolvido — e atualmente está em fase de padronização — um método para esse diagnóstico/avaliação neuromotor e neuropsicológico com o objetivo de estabelecer uma base funcional para estimativa de tratamento e treinamento (Gjaerum & Borchgrevink, 184, 1985).

A fim de evitar um desenvolvimento prejudicado (na área cognitiva, por exemplo) subordinado a uma determinada deficiência funcional, deve-se ter o maior zelo em assegurar uma intervenção precoce e adequada, com estimulação suficiente através das melhores modalidades/canais perceptivos. Além disso, para assegurar efeitos favoráveis, cada função deve ser estimulada no nível funcional em que há melhor domínio, uma ligeira propensão à melhora, o que garantirá que o nível de estimulação sempre acompanhe e se ajuste ao desenvolvimento da pessoa. Considerando-se que uma lesão cerebral é irreversível, deve-se ter como objetivo a compensação das funções prejudicadas pela estimulação e estratégias baseadas nas funções não atingidas. Desse modo, o *perfil de estimulação copiará o perfil funcional da pessoa*, extraído de uma completa avaliação neuropsicológica/neuromotora. A pessoa deve ser encorajada à atividade (espontânea ou ajudada/estimulada) dentro da estrutura fixada pelo seu potencial funcional para cada tipo de comportamento. Tentativas de treinar alguma função além do "máximo" fixado pelo potencial da pessoa costumam levar, freqüentemente, a incapacidades geradas por fatores neuróticos, influindo de maneira negativa nas funções não atingidas e, conseqüentemente, estimulando a redução da auto-estima (já reduzida).

Especialização hemisférica do cérebro
Para algumas funções, os hemisférios cerebrais (simétricos) se ajustaram na especialização de um controle integrativo mais desenvolvido de certas funções ou elementos complexos de comportamento.

A mão dominante é um exemplo dessa especialização: ambas as mãos são basicamente semelhantes e podem desempenhar tarefas complexas — mas uma das mãos é geralmente preferida para determinadas funções mais elaboradas (escrever, manuseio de instrumentos) simplesmente porque seu desempenho é melhor do que o da outra. O cérebro controla a mão preferida melhor do que a outra *devido a fatores hereditários*. Cerca de 85-90% da população são destros, 7-10% possuem a mão esquerda como a dominante, e alguns poucos remanescentes são ambidestros (não estabeleceram a preferência por uma das mãos e utilizam ambas alternadamente até para tarefas complexas) (ver Steffens, 1975).

O grau de ambidestrismo varia de uma pessoa para outra.

A especialização hemisférica *para outras funções* pode ser ainda mais explícita: a função é *completamente controlada por um hemisfério e não pode ser assumida por outro, mesmo em caso de patologia hemisférica* — ocasionando a incapacidade da função. A fala/linguagem é, infelizmente, um exemplo dessa extrema especialização hemisférica, onde o hemisfério não responsável pela fala não consegue assumir a função, exceto em raros casos de grave patologia hemisférica em bebês, conforme acima mencionado.

A função da fala/linguagem e a da mão dominante são controladas pelo mesmo hemisfério (quase sempre o esquerdo) em praticamente todas as pessoas destras (85% da população) e em cerca de 2/3 das pessoas canhotas (7% da população). Uma terça parte das pessoas canhotas (2-3% da população) controlam a fala e a linguagem no hemisfério direito. O ambidestrismo e a lateralidade cerebral são determinados geneticamente (Annett, 1976), mas podem ser afetados por uma patologia cerebral unilateral no início da vida.

Assimetrias anatômicas na dominância da fala/linguagem do hemisfério esquerdo se manifestam já no sétimo mês da vida fetal (antes do nascimento e, portanto, antes da estimulação da linguagem) (Chi *et al.*, 1977). O significado funcional dessa prematura especialização hemisférica foi confirmado em bebês através de métodos de audição dicotomizados em estímulos sonoros de fala e ausência de fala (Entus, 1977), assim como eletrofisiológicos (Molfese, 1977).

No cérebro, a fala/linguagem está localizada perto das áreas de controle motor da boca e da mão dominante. A coordenação motora fina e a fala/linguagem/escrita são funções superiores que estabelecem grandes exigências mesmo para um cérebro normal. São, portanto, prejudicadas mesmo por uma lesão cerebral simples (ligeira perda de células/fibras nervosas) ou por uma organização hereditária insuficiente dos centros cerebrais em questão. Uma vez que são controladas por áreas do cérebro situadas próximas umas das outras e porque a produção da fala requer um controle/coordenação motor desenvolvidos, *essas funções são em geral prejudicadas por uma mesma lesão cerebral*. Por exemplo: uma lesão do hemisfério esquerdo pode conduzir a uma imprevista dominância de mão esquerda (devido à resultante coordenação insuficiente da mão direita geneticamente dominante), combinada com distúrbios da fala/linguagem/leitura/escrita/aprendizagem (que são funções controladas pelo hemisfério esquerdo) (ver Figuras 5 e 9). Esta não é apenas uma hipótese teórica: a dominância da mão esquerda ocorre com mais freqüência do que seria de se esperar em todas essas disfunções, ou devido a uma função hereditária insuficiente (por exemplo, a dislexia hereditária é observada em cerca de 2% das pessoas, que nascem, portanto, com um cérebro que apresenta poucas ou limitadas possibilidades de realizar a extremamente desenvolvida decodificação de significado de símbolos sonoros visualmente apresentados) — ou devido a uma patologia cerebral adquirida (Fig. 9).

Como, no entanto, diferentes áreas do cérebro controlam diferentes funções, prejuízos bem específicos (por exemplo, dificuldades na leitura), podem ocorrer *sem afetar a inteligência da pessoa* ou qualquer outra função, como no caso deficiência auditiva ou visual. Por outro lado, uma disfunção específica pode também ser parte de uma enfermidade mais geral do cérebro, o que trará prejuízos a muitas funções — inclusive à inteligência.

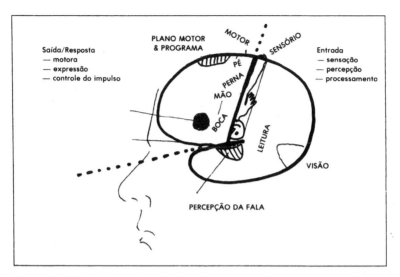

Figura 9. "Mapa" aproximado do córtex esquerdo, numa pessoa destra.

A combinação freqüentemente observada entre o distúrbio de fala/linguagem/leitura/escrita e a deficiência motora tem levado muitos terapeutas a acreditar erradamente que a deficiência motora é a *causa* de outras disfunções, o que os faz prescrever treinamento motor para problemas de leitura (um exemplo recente na Escandinávia é Parlenvi, na Suécia). Exemplificando: se uma bomba atinge e destrói duas casas próximas, a reconstrução de uma das casas não significa que a outra "surgirá subitamente" por si mesma. O mesmo ocorre quando a mesma lesão atinge *tanto* a leitura *quanto* a função motora. Conseqüentemente, o treinamento para engatinhar oferece pouco mais do que um eventual impacto psicológico sobre a capacidade de leitura. Por outro lado, *o desenvolvimento do cérebro resulta da maturação e da estimulação/programação adequada* dos centros e caminhos necessários para o processamento e o desempenho da função. Como o cérebro da criança amadurece até a puberdade, uma função parece se desenvolver devido a uma determinada terapia, quando na verdade a melhora observada é causada por maturação cerebral e/ou conseqüências psicológicas do cuidado e da estimulação geral automaticamente proporcionados por *qualquer* terapia — se a função observada antes da terapia é mais fraca do que o potencial da pessoa devido à carência anterior [estimulação menor do que a necessária para se alcançar uma função mais favorável dentro do potencial (limitado) da pessoa].

Um equívoco análogo ocorre nos diversos programas de treinamento da função motora: baseados na observação de que o desenvolvimento motor atravessa um certo número de etapas específicas (engatinhar, andar, correr...), e na observação adicional de que as pessoas com função motora deficiente freqüentemente "omitiram" determinados estágios de desevolvimento motor normal (por exemplo, não tendo engatinhado antes, apresentam pouca capacidade para andar), os terapeutas prescrevem exercícios de engatinhar, acreditando que, engatinhando melhor, a pessoa andará melhor (o que pode ser o caso se se estabelecer uma comparação com pessoas normais). (Holle, na Dinamarca, é um recente exemplo escandinavo.) Se a pessoa, no entanto, não engatinhou quando bebê porque seu cérebro não conseguia desempenhar a coordenação integral dos movimentos alternados diagonais necessários para se engatinhar, e, portanto, começou a andar diretamente — *tendo deficiente coordenação motora/de marcha devido à mesma disfunção que a impediu de engatinhar quando do bebê* —, os exercícios de engatinhar serão irrelevantes para o estabelecimento de um programa melhor para a marcha e, além do mais, serão ineficazes, uma vez que a disfunção resulta de um *potencial* de coordenação motora deficiente, causado por uma lesão orgânica congênita ou adquirida. O treinamento só é eficaz quando está inserido dentro do potencial da pessoa.

No caso de ter havido estimulação deficiente, o nível funcional observado pode ser inferior ao potencial da pessoa. Tanto uma estimulação específica (máxima) como uma estimulação geral (alguma) podem conduzir à melhora de funções (específicas) em geral — até que se atinja um efeito "máximo", determinado pelo potencial da pessoa. Esse efeito geral pode facilmente ser interpretado como resultante de um método específico ou de um procedimento de estimulação aplicado, quando, na verdade, a mesma melhora poderia resultar de qualquer procedimento. O curso do desenvolvimento ajuda a distinguir os mecanismos em questão: no caso de estimulação anterior deficiente, a melhora será, inicialmente, mais rápida — um "nivelamento" que se aproxima do nível máximo —, depois da qual o desenvolvimento seguirá o ritmo de maturação/desenvolvimento (geral), a despeito do método aplicado (altamente elogiado).

8. Como isso influencia métodos e abordagens em musicoterapia?

Conforme foi acima mencionado, a seleção do objetivo e da abordagem terapêutica deve se basear numa avaliação completa das funções do paciente, tais como:

— nível da função
— qualidade da função
— tipo e características de previsíveis distúrbios funcionais que, juntos, formam o *perfil funcional: a capacidade relativa de cada função comparada com outras capacidades funcionais.*

Além disso, precisamos levar em consideração o provável potencial de desenvolvimento do paciente avaliado através da história do desenvolvimento, do tipo de patologia, etc.

Reunindo essa informação, podemos então encontrar o *perfil de estimulação* mais favorável (presumido): em quais funções a estimulação deve, principalmente, se basear e quais os objetivos da estimulação, conforme proposto por Gjaerum & Borchgrevink (1985).

Partindo desse ponto, torna-se claro
— se há *indicações* para a musicoterapia
— se é admissível que a pessoa *se beneficie* da musicoterapia
— quais são os *objetivos* a serem atingidos pela musicoterapia, se eventualmente ela for indicada
— quais *abordagens* devem eventualmente ser escolhidas em musicoterapia
— *comunicação* através da música como tal
— música como um meio de *estabelecer contato*/comunicação
— música *com a finalidade de possibilitar outra estimulação/aprendizagem* (por exemplo, concentração, comportamento no grupo, etc.)
— música como *facilitadora* de outra função prejudicada
— música como um *sinal* para o início de comportamento (aguardado) e rotinas (por exemplo, chegar à função da linguagem através da música)
— música como uma *estrutura no tempo* para facilitar a atenção e a estrutura de uma situação terapêutica/pedagógica
— a utilização da música com objetivos *diagnósticos*, como parte, por exemplo, da avaliação funcional de distúrbios cerebrais
— etc.

Muitos musicoterapeutas pouco fazem além de estabelecer contato por meio da música e não conseguem fazer uso adequado desse contato/comunicação como um ponto de partida para tratamentos e treinamentos específicos — e/ou não conseguem fornecer uma estimulação adequada (suficientemente satisfatória) através dos melhores canais/modalidades do paciente. Uma falha freqüentemente observada é apresentar *tarefas muito simples (cognitivas) com exigências muito complexas ao nível de respostas* para pacientes com deficiências motoras/expressivas (o que ocorre na grande maioria de pacientes com distúrbios de desenvolvimento).

Outros terapeutas (por exemplo, Tomatis) exageram a influência e a importância da estimulação auditiva no desenvolvimento, o que leva à indagação de como crianças surdas conseguem se tornar seres humanos normais, o que sabemos que é possível.

Se a seletividade, a especificidade e o raciocínio analítico passassem a influenciar os objetivos e abordagens da musicoterapia futura mais do que ocorre hoje em dia, a estimulação sonora musical (não-verbal) poderia se tornar um poderoso método terapêutico — na medida em que ela representa uma abordagem favorecida pela organização do cérebro.

Bibliografia

Annett, M. (1976): "Handedness and the cerebral representation of speech", *Ann. Human Biol. 3* (4), 317-28.
Berlyne, D. E. (1971): "Aesthetics and Psychobiology", Nova York.
Borchgrevink, H. M. (1975a): "Positive reinforcing effects of multitonal stimuli in albino rats" (não publicado, relat. prelim.).
_____. (1977): "Perception of complex sound" in Buch, N. (ed.) IALP Cong. proceed 2, 353-62, Herning, Dinamarca.
_____. (1980a): "Cerebral lateralisation of speech and singing after intracarotid amytal injection", in Taylor-Sarno, M. & Hϕϕk, O. (eds.) *Aphasia, assessment and treatment*, Estocolmo.
_____. (1980b): "Improving auditory perception diagnosis by considering the cerebral lateralisation of speech and musical stimuli", in Ingram, D., Peng, F. C. C. & Dale, Ph. (eds.) *Proceed. first int. cong. for the study of child lang.* Boston.
_____. (1982a): "Mechanisms of speech and musical sound perception" in Carlson, R. & Granstrϕm, B. (eds.) *The representation of speech in the peripheral auditory system*, pp. 251-57, Amsterdã.
_____. (1982b): "Prosody and musical rhythm are controlled by the Speech hemisphere", in Clynes, M. (ed.) *Music, Mind and Brain. The neuropsychology of music,* Nova York.
_____. (1982c): "Cerebral mechanisms of complex sound perception" in Borchgrevink, H.M. (ed.) "Hearing and Hearing Prophylaxis". *Scand Audiol. Suppl.* 16, Estocolmo.
_____. (1985): "Concept — reference coherence in speech perception: consequences for native and second language speech comprehension in noise", in Henderson, D., Hamernik, R. e Salvi, R. J. (eds.) *Noise induced hearing loss: basic and applied aspects,* Nova York e Reinvang, I. "The correlation between speech/language and musical functions in adult apahasics".

Cazden, N. (1961): "Sensory theories of musical consonance", *J. Aesth. Art Crit. 20* (3).

Chi, J. G., Doolling, E. C. e Gilles, F. H. (1977): "Left-right assymmetries of the temporal speech areas in the human fetus". *Arch. Neurol. 34*, 346-8.

Demany, L., McKenzie, B. & Vurpillot, E. (1977) Rhythm perception in early infancy", *Nature 266,* 718-9.

Entus, A. K. (1977): "Hemispheric asymmetries in processing of dichotically presented speech and non-speech stimuli by infants", in Segalowitz, S. J. & Gruber, F. A. (eds.) *Language development and neurological theory* Ch. 6, Londres.

Gerken, G. M., Simhadri-Sumitra, R. & Bhat, K. H. V. (1985): "Increase in central auditory responsiveness during continuous tone stimulation or following hearing loss", in Henderson, D., Hamernik, R. & Salvi, R. J. (eds.) *Noise induced hearing loss: basic and applied aspects,* Nova York.

Gjaerum, B. & Borchgrevink, H. M. (1984): "Neuromotor and neuropsychological screening test for children with delayed or deviant behavioural development", Nordic Research Council's Research Symposium on "Forekomst och tidig identifikation av mentala och neurologiska utvecklingsrubbningar hos barn", Oulu, Finlândia (resumo).

_____. (1985): "Neuropsychological and neuromotor profiles for the planning of treatment and training in mental retardation" VII. World Cong. Int. Assoc. Scient. Study of Mental Deficiency, Nova Dehli, Índia (resumo).

Kuttner, F. A. (1964): "The music of China; a short historical synopsis incorporating the results of recent musicological investigations", *Ethnomusicology.*

Mach, E. (1895): "Popular scientific lectures" trad. de McGormack, Th. J., Chicago.

Molfese, D. L. (1977): "Infant cerebral asymmetry" in Segalowitz, S. J. & Gruber, F. A. (eds.) *Language development and neurological theory,* Ch. 2, Londres.

Plomp, R & Levelt, W. J. M. (1965): "Tonal consonance and critical bandwidth", *J. Acoust. Soc. Am. 38* (4), 548-60

Sparks, R. W. & Holland, A. L. (1976): "Method: Melodic Intonation Therapy for Aphasia", *J. Speech Hear. Disord. 41*, 287-97.

Steffens, H. (1975): "Cerebral dominance: The development of handedness and speech", *Acta paedopsychiat 41* (6), 223-35.

Stevenson, J. G. (1969): "Song as a reinforcer" in Hinde, R. A. (ed.) *Bird Vocalisations — their relations to current problems in biology and psychology,* pp. 49-60, Cambridge.

Terhardt, E. (1977): "The two-component theory of musical consonance", in Evans, E. F. & Wilson, J. P. (eds.) *Psychophysics and physiology of hearing,* Londres.

Clynes, M. (ed.): *Music, Mind and Brain. The neuropsychology of music*, Nova York, 1982.

Deutsch, D. (ed.): *The psychology of Music*, Nova York, 1982.

Kolb & Whishaw: *Fundamentals of human neuropsychology*, 2. ed. Nova York, 1985.

Springer, S. P. & Deutsch, G. *Left brain, right brain*, São Francisco, 1981.

CHRISTOPHER KNILL
MARIANNE KNILL

Percepção, Contato e Comunicação Corporal
Um programa de utilização da música com pessoas portadoras de graves deficiências da percepção

1. INTRODUÇÃO

Como resultado de um projeto apoiado pelo Conselho Norueguês de Pesquisa Educacional e pelo Conselho Consultivo Norueguês para o retardo mental, foi produzido um material de ensino com vistas ao desenvolvimento de crianças, jovens e adultos portadores de dificuldades perceptivas profundas.

O objetivo desse material é fornecer uma base para que ocorra a melhoria da percepção, do contato e da comunicação corporal. Ele abrange um manual detalhado que descreve quatro programas de atividades complementares, acompanhados de três fitas-cassete com música especialmente composta e gravada, além de comentários. A escolha da música e a maneira de estruturá-la são o resultado de muitos anos de experiência prática e de um extenso trabalho-piloto. O material é destinado a fornecer uma estrutura que possa ser utilizada por profissionais e pais que mantêm contato regular no lar, na instituição ou na escola.

2. AS BASES DO PROJETO

2.1. O problema

Com o intuito de estabelecer uma base adequada ao desenvolvimento, a evolução de pessoas portadoras de deficiências profundas representa um enorme desafio diário, no qual o profissional geralmente se depara com graves imperfeições inerentes aos diversos métodos tradicionais de educação especial. Como resultado disso, professores, funcionários e pais são forçados a usar sua própria intuição e imaginação e experimentar técnicas e materiais que melhor se adaptem à sua capacidade. O limitado conhecimento existente, associado a diferentes formações e experiências profissionais, resulta em uma situação onde, a despeito das boas intenções iniciais, as abordagens podem vir a se restringir às crescentes e rígidas rotinas diárias, cumpridas com pouca atenção às necessidades e aos objetivos relativos ao desenvolvimento a longo prazo.

2.2. Pessoas portadoras de deficiências profundas e múltiplas e suas exigências

Deficiências profundas perceptivas e múltiplas podem resultar de uma ampla gama de circunstâncias diferentes. Uma discussão quanto às "causas", no entanto, pouco adianta ao educador, que geralmente se confronta com um grande número de dificuldades comportamentais com as quais precisa aprender a se relacionar para que a evolução ocorra. De um modo geral, pode-se caracterizar essas dificuldades em:

— excessiva falta de capacidade, tanto para tomar iniciativas quanto para se adaptar a mudanças no ambiente de rotina ou nos arredores;
— capacidade extremamente limitada de comunicar necessidades ou outros estados de um modo perceptível, apresentando habitualmente apenas uma limitada linguagem verbal/simbólica ou nenhuma linguagem;
— comportamento estranho, proveniente, em geral, de uma habitual auto-estimulação ou de uma natureza destrutiva;
— desenvolvimento motor deficiente/atrasado, o que resulta em extrema instabilidade e insegurança, especialmente em ambientes menos familiares.

A ocorrência dessas características indica uma grande deficiência na capacidade da pessoa de relacionar e adaptar suas atitudes (comportamento) a eventos que estejam ocorrendo no ambiente próximo. A capacidade de se relacionar, se adaptar e se comunicar com o ambiente próximo é, normalmente, adquirida durante a primeira infância e depende de uma cuidadosa estruturação dos fatos por parte do "vigia", que tenta fornecer uma rede de apoio adequada às necessidades e capacidades da criança.

Essa cuidadosa estrutura tem sido chamada de "andaime" (Bruner, 1974) e ocorre da seguinte maneira:

1. A criança é levada a uma condição de atenção que é mantida pelo "vigia".

2. A criança é ajudada a vivenciar padrões de regularidade nas impressões às quais está sendo exposta.
3. Com a repetição, a criança é ajudada a antecipar eventos que ocorrem em seqüência.
4. O "vigia" desafia ativamente a criança a preencher suas próprias expectativas reduzindo sistematicamente o número de coisas que faz *para* a criança. Isso normalmente ocorre através de uma "representação" rotineira de situações em que a criança é estimulada a participar, a se adaptar e a se comunicar com o ambiente ao seu redor.

Os sintomas de deficiência profunda revelam que não se permitiu que esse processo ocorresse de maneira satisfatória. Uma abordagem significativa com vistas ao desenvolvimento depende, portanto, de se descobrir modos alternativos de criar uma estrutura na qual um "andaime" eficaz possa ser conquistado. Além do mais, uma condição para a aplicação bem-sucedida de tais métodos é que eles precisam ser acessíveis a todos os profissionais, pais, auxiliares regularmente envolvidos no ambiente diário. Esse fato representa, sem dúvida, um dos maiores desafios e obstáculos para que se arme uma estratégia coerente e satisfatória relativa ao desenvolvimento.

2.3. As propriedades de funcionamento e a utilização adequada da música

Baseados na experiência pessoal, descobrimos que a música pode ser utilizada como um meio eficaz para estabelecer comunicação e desenvolver a interação com pessoas portadoras de deficiências perceptivas, incluindo crianças gravemente atingidas pelo autismo (Knill e Knill, 1981). O fenômeno, no entanto, também é cuidadosamente relatado nas observações feitas por muitos outros educadores, como, por exemplo, Burlingham (1968), Van Dijk (1968), Prick (1971),Vinterhoy (1978), e fornece grande ajuda para o trabalho em musicoterapia.

Um plano de trabalho anterior e uma revisão da literatura concernente à audição, ao som, à música e ao funcionamento neurológico/perceptivo (Knill, 1982) revelam que a música parece ter propriedades funcionais distintas que, caso aplicadas de maneira consciente, como parte de uma abordagem programada, podem formar uma estrutura perceptiva bem-definida e eficaz, na qual as condições necessárias para um "andaime" e para a comunicação podem ser intensificadas.

As principais características podem ser descritas conforme se segue:

Estimular a atenção
A exposição ao som desperta os processos sensório-perceptivos do cérebro. Essa propriedade do som se revelou bastante intensificada sob a forma de música — um fato que se torna familiar a todos que trabalham regularmente com pessoas deficientes.

Organização temporal de atividades
Um evento musical se constitui numa explícita estrutura auditiva existente no tempo, com início, duração e fim definidos. A música origina, portanto, uma estrutura dentro da qual torna-se mais fácil organizar e lembrar atividades ou impressões conduzidas simultaneamente. Esse é o motivo pelo qual apreciamos e freqüentemente achamos mais fácil fazer certas coisas *com* música — principalmente quando ocorre movimento do corpo (dança, por exemplo).

Lembranças (memória) e expectativas
Uma vez que a música propicia uma estrutura na qual atividades e impressões podem ser lembradas, a repetição de uma peça musical pode facilitar tanto a lembrança quanto a antecipação de eventos associados a ela, fato também conhecido como "efeito de prefixo musical". A música ainda cria associações que nos possibilitam rememorar eventos ocorridos há muito tempo.

Manter a atenção e a organização seqüencial da experiência
Quando uma seqüência de temas musicais é regularmente repetida, a exposição de um tema provocará a memorização do tema que se segue. Num disco bem conhecido, sempre lembramos qual a música que virá depois, *antes* que realmente a escutemos. A utilização de temas musicais, combinados com definidas atividades seqüenciais, facilita a ordenação e a memória a longo prazo da organização dessas atividades.

3. MATERIAL EDUCATIVO

3.1. Preparação de programas
Os programas de atividade "Percepção, Contato e Comunicação Corporal" (Knill e Knill, 1982) foram projetados tendo-se em mente as características acima mencionadas. Cada seqüência de eventos abrange atividades cujo objetivo é dirigir a atenção da "criança" para regiões de seu corpo e para o modo como elas podem ser usadas na interação social. Os programas iniciais (1 e 2) foram idealizados principalmente para serem executados por um adulto auxiliar e uma criança. Os programas seguintes (3 e 4) podem formar uma base para ativi-

dades grupais que dão origem a exigências crescentes de autocontrole, compreensão e memória conceitual, sensibilidade e interação social.

Os princípios que cercam a utilização dos programas, seus objetivos e propósitos e a aplicação de cada atividade são amplamente descritos e exemplificados no manual do auxiliar.

Cada programa é acompanhado de uma fita cassete com sons especialmente compostos, música e instruções. Um "prefixo musical" introduz e conclui cada seqüência, de modo que a atenção seja alertada e orientada na direção dos eventos que estão para ocorrer. Em cada seqüência, cada atividade é acompanhada de um tema rítmico-melódico especialmente composto. Cada tema define a duração da atividade e foi planejado para refletir, apoiar e basicamente se associar ao conteúdo. A intenção é que a estrutura musical forme uma base para a recordação, a antecipação e, posteriormente, para a participação ativa. Cada atividade é também precedida por uma palavra ou frase-chave que se relacione com uma região do corpo e com a atividade a ser executada. Cabe ao auxiliar dirigir a atenção da criança para essa situação e reforçá-la através da utilização da comunicação total (linguagem falada aliada à linguagem gestual, à linguagem corporal e, quando adequado, ao canto). Espera-se portanto que a utilização seqüencial de temas musicais ajude, no início, a vinculação receptiva e, mais tarde, a vinculação expressiva da linguagem às regiões do corpo e às atividades.

3.2. Os programas em prática

Antes da publicação deste trabalho, efetuou-se um estudo longitudinal com diferentes grupos de pessoas, em que os programas foram utilizados com crianças, jovens e adultos que apresentavam diversos tipos e graus de deficiência. O estudo forneceu resultados positivos (Knill, 1982), revelando que os programas podem ajudar na melhora da percepção conceitual de regiões do corpo e de atividades. Além disso, observou-se uma melhora considerável no tempo de concentração, de antecipação e de participação durante a interação interpessoal. Observações informais feitas pela equipe revelaram que esses resultados eram nitidamente observados em outras situações (ato de se vestir, hora das refeições, etc.).

Não se pode esquecer, no entanto, que o êxito desses programas depende amplamente da capacidade individual do profissional em aplicar a estrutura de uma maneira consciente, como parte de uma abordagem coerente e expressiva. As condições para que isso ocorra são descritas em detalhes e ilustradas no manual que acompanha os programas, que contém também as linhas de orientação prática. Enfatiza-se bastante que a aplicação bem-sucedida dos programas depen de do estudo do manual. Os auxiliares envolvidos no projeto-piloto, no entanto, beneficiaram-se também de um intensivo curso introdutório ministrado por um dos autores antes da utilização dos programas. O curso foi reforçado por uma supervisão e um *feedback* consultivo durante o período-piloto. Logo depois da publicação, estávamos ansiosos em observar como esses programas seriam recebidos e aplicados quando pudessem ser livremente utilizados, sem as condições controladas do projeto-piloto.

Enquanto este trabalho era escrito, o material esteve disponível na Noruega durante pouco mais que três anos e foi utilizado por numerosas equipes que trabalhavam em escolas, centros de atendimento diurno e instituições. Além disso, o material foi adotado por diversos pais e utilizado em muitos lares por todo o país. Os autores puderam controlar a extensão e a maneira como esse material foi utilizado através de discussões com profissionais em seminários e cursos breves realizados em muitas instituições, escolas e centros de atendimento diurno.

Uma das revelações mais surpreendentes foi que a maioria dos profissionais descobriu, independentemente da sua formação, que os programas de atividade contribuem para criar uma situação de trabalho bastante motivadora, na qual é possível engajar ativamente a criança de um modo positivo e observável. Esse resultado é muito diferente do que se observa em muitas outras situações de rotina, em que o profissional freqüentemente sente que está apenas manipulando a criança e em que a resposta ou o contato são insatisfatórios.

4. CONCLUSÃO

O valor maior dos programas de atividade reside no fato de que sua estrutura, associada às propriedades funcionais da música, propiciam uma situação altamente definida e participativa que pode despertar e manter o interesse da criança. Devido a esse fato, estabelece-se uma estrutura que capacita o profissional a concentrar suas energias eficazmente, orientando a atenção da criança de uma maneira significativa e criando uma base para a interação. Os programas de atividade, portanto, estabelecem uma base potencial que auxilia o profissional a avaliar e desenvolver sua sensibilidade com as pessoas portadoras de deficiências da percepção. Além do mais, evidencia-se que os programas fornecem uma estrutura que pode ser explorada com sucesso pela maior parte dos profissionais, qualquer que seja a sua formação e sem a necessidade de cursos intensivos. A experiência prática revela que o material pode ser empregado pelos membros de uma equipe como um fundamento para a cooperação interdisciplinar, ou por profissionais e pais, individualmente, mesmo que não vinculados diretamente a um ambiente educacional mais amplo.

Há uma necessidade inquestionável de materiais educativos adequados que possam funcionar desse modo.

Esses materiais estão disponíveis em língua inglesa desde o início de 1986.

Bibliografia

Bruner, J. S. "Ontogenesis of Speech Acts". *Journal of Child Language* 2, 1975, p. 1-19.

Burlingham, D. "Hearing and its role in the Development of the Blind". *Psychoanalytic Study of the Child*, 19, 1964, p. 25-112.

Clancy H. e G. McBride. "The Isolation Syndrome in Childhood". *Dev. medicine and Child Neurology 17,* 1975, p. 198.

Dijk, J. van. "The nonverbal deaf-blind Child and his World, his Outgrowth towards the World of Symbols". *Verzameldesstudies pt 1. St. Michelsgestel,* Holanda, 1968.

_____. Educational Approaches to Abnormal Development" in *Deaf Blind Children and their Education.* Univ. Press, Roterdã, 1971.

Eisenberg, R. B. Auditory Competence in early Life. Univ. Park Press, Baltimore, 1976.

Knill, C. and Knill, M. *Body Awareness, Contact and Communication: Activity Programmes.* Living and Learning, Cambridge, Inglaterra, 1986.

_____. *Body awareness, Experience and Development.* Tese não publicada, Norwegian Institute of Special Education, Oslo, 1982.

_____. "Body Awareness, Communication and Development." *Int. J. Rehab. Research*, 1983, 6 (4) 489-492.

Newson, J. "An intersubjective approach to the systematic description of mother — infant interaction". In Shaffer, H. R. (Ed.) *Studies in mother/infant interaction*, London Academic Press, Londres, 1977.

Prick, J. S. G. Infantile autistic Behaviour, a new Clinical Picture. Rotterdam Univ. Press, Roterdã, 1971.

ALBERT MAYR

Música, Tempo e Saúde

"Muitas doenças, talvez a maioria, podem ser causadas integralmente ou em parte por nossa percepção errônea do tempo."

Harry Dossey, 1982.

Gostaria de tomar como ponto de partida uma questão levantada no conceito que originou a organização deste simpósio em Oslo (Ruud, 1984): "Como podemos contribuir para devolver à música algumas de suas funções tradicionais, que podemos observar na história da cultura européia?".

Uma questão importante e central para o objetivo deste simpósio, em essência relacionado ao nosso conceito de música, ao nosso conceito de campos de percepção, vivência e ação, que de um modo ou de outro representam valências musicais. Uma questão a ser levantada não tanto no plano dos especialistas, mas principalmente no plano da consciência cultural comum, que carrega consigo o trabalho político-cultural e pedagógico cotidianos.

Observemos, primeiramente, o outro pólo temático deste encontro, a saúde. Falo como leigo, mas acredito que não se pode deixar de ver que, em relação à situação de uns vinte anos atrás, ocorreu uma mudança notável na "consciência de saúde" da comunidade. O trabalho da medicina não é mais visto como a reparação de defeitos que acometem os indivíduos e dos quais o especialista tem que se ocupar dentro de um quadro de causalidades temporal, espacial e socialmente limitado. Uma série de fatores (aqui apenas mencionados), como o abandono da visão de mundo mecanicista, a percepção de contextos psicossomáticos, o ciclo de problemas relativos à qualidade do meio ambiente, o progresso de métodos de cura de outros círculos de cultura, etc., levaram também o leigo a questionar todo o seu hábitat e o seu modo de vida segundo aspectos patogênicos, e a conceber o bem-estar físico e psíquico não tanto como algo que se possui, mas antes como processo, em cuja configuração bem-sucedida deve ser considerado o âmbito global de relações indivíduo/indivíduo e indivíduo/meio ambiente e, além disso, onde estratégias individuais possam ter seu lugar.

Mas como as coisas são diferentes na música! Em nossa civilização, a música é principalmente algo que se tem e se consome, e não algo que se faz, que se encontra nova a cada vez, e que se cria. Apesar de muitos esforços em sentido contrário, em escolas, na formação de adultos e na terapia, a enorme máquina organizadora e financeira da vida musical atual está orientada primariamente para a comercialização da música, e não para o desenvolvimento e o fomento de um comportamento musical em todas as possíveis situações (cf. Mayr, 1983b). Mesmo na etnomusicologia, o interesse continua dirigido para peças musicais descontextualizadas — portanto, para peças musicais que, como se crê, evidentemente se distinguem do pano de fundo da atividade não-musical —, e não para as poliestratificadas estratégias do comportamento musical em todos os âmbitos vitais; aliás, nem sempre estas estratégias nos saltam aos olhos e aos ouvidos.

A música ocidental perdeu totalmente sua função como ponto de referência espiritual, e também sensorial, para nossas pesquisas e interpretações da natureza e do indivíduo. Enquanto que até o Renascimento a música era considerada a disciplina mais abrangente, que fertilizava as outras, em nossa época sua função cultural comum é indiretamente proporcional à sua disponibilidade acústica. Nossa visão de mundo é amplamente determinada por fenômenos experimentais e identificatórios, que têm pouco a ver com os modos de percepção acústico-temporais e a assimilação de informações inerentes a eles. A música, como o território no qual esses modos de percepção e de assimilação de informação desempenham o papel central — ou pelo menos deveriam desempenhar —, foi impelida para as margens dos processos que determinam a cultura contemporânea. Como se não fosse o bastante, a música é divulgada atualmente, em medidas assustadoras, por meios de comunicação que "minam a capacidade de reconhecer as condições de desenvolvimento da sociedade e da cultura" (Ruud, *op. cit.*).

Qualquer discussão a respeito da utilização da música em outras áreas ocorre, por conseguinte, sobre o pano de fundo de uma existência cultural de isolamento da nossa arte, e é de se temer que sejam estabelecidos limites por tanto tempo decisivos para essa utilização. Por outro lado, o potencial da música é desconhecido como instrumento cognitivo e formulador de experiências para todos os âmbitos.

Minha contribuição segue este caminho, e tenta demonstrar a aplicabilidade de critérios musicais na pesquisa e na constituição de um âmbito vital. Este âmbito é a organização temporal, o entrosamento de ciclos individuais, sociais e ambientais na sociedade moderna e nas noções de plano temporal inerentes a ele. (Fique claro que me refiro à organização temporal fora da *praxis* musical em sentido lato.) Meu trabalho deve muito ao de R. Murray Schafer. Em seu *World Soundscape Project*, de grande repercussão, ele analisou o lado sonoro de nossa vida cotidiana e de nosso meio ambiente do ponto de vista musical-compositor, assim como salientou também os aspectos patogênicos (da poluição sonora até a perda de identidade acústica), e obteve com seu trabalho propostas de aperfeiçoamento (Schafer, 1973, 1975, 1976). Do ponto de vista deste congresso, pode-se falar da obra de Schafer como fundamental para a higiene social acústica.

De modo semelhante, meu trabalho deveria servir para o lado — na maioria das vezes inaudível — *rítmico* da nossa vida. Portanto, o conceito musical do qual parto é, na verdade, não o bem conhecido e restrito, que fixa a música à sonoridade, mas sim o conceito de música ampliado da teoria musical antiga, medieval, chinesa, segundo o qual a designação de "música" pode ser aplicada à interação de todos os ciclos de baixa freqüência. A título de ilustração, apresento aqui o diagrama criado por Pietzsch (1929-68) para a concepção de música medieval.

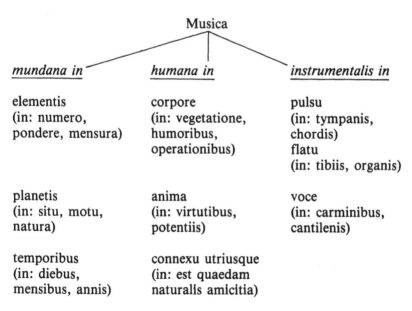

O recurso a esta compreensão de música que se nos tornou estranha não é conseqüência de uma afetação filológica, mas antes, a meu ver, esta compreensão de música se reveste hoje de nova atualidade. Na maioria dos ramos do saber, o peso da descrição de situações desloca-se para a pesquisa das evoluções e modificações no tempo; da medição de grandezas isoladas para a descoberta de qualidades de interação. Em outros textos (Mayr, 1981, 1983a, 1985b) descrevi e "avaliei" pormenorizadamente os aspectos interessantes do ponto de vista atual da música mundana e da música humana. Eis, de maneira resumida, alguns dos pontos importantes para as exposições seguintes:

A música *instrumentalis* (audível) valia como um sedimento fragmentário da música *mundana* e da música *humana*. Por outro lado, a música audível e executável — ou seja, os modos de emprego de percepção e informação inerentes a ela — valia como a chave para a compreensão adequada dos ciclos de baixa freqüência nos âmbitos da música *mundana* e da música *humana* e suas interações. É pouco discutível que este caráter-modelo de música tenha sido operante nos planos filosófico e aritmético até Kepler. Gostaria apenas de afirmar que este caráter-modelo teve validade também no âmbito sensorial, aliás de uma maneira hoje para nós não tão facilmente executável. Para nós, é tão difícil "ouvir" o não-sonoro, porque nos acostumamos a empregar os modelos de percepção visual-espacial — ou seja, baseados nestas construções auxiliares — para todos aqueles fenômenos que não falam a outros órgãos do sentido inequívoca e exclusivamente, e a considerar, em fenômenos sensoriais polivalentes, o componente visual como o portador de informações essencial. Antigamente, a capacidade de experimentar o não-sonoro no âmbito da baixa freqüência de uma maneira bem próxima à audição acústica era certamente bem mais forte, e era também, como mostram as representações de música *mundana* e *humana*, empregada com um objetivo específico. Acrescente-se ainda que muitos dos ciclos cronobiológicos e ambientais que as músicas *mundana* e *humana* constituem encontram-se bem próximos no que diz respeito à freqüência do âmbito periódico da música, e em parte se cruzam com ele. Também a audição, para se orientar no seu âmbito de freqüência específico, tomou modelos de organização do âmbito de freqüência situado abaixo daquele. A competência da audição para o âmbito de baixa freqüência dos ritmos naturais e sociais é determinada, portanto, por resultados mais recentes, que dizem respeito às ciências naturais, pelo menos indiretamente. A tarefa que se nos apresenta é não deixar que isto fique apenas no plano teórico, mas sim tornar realizável o comportamento da percepção musical e critérios de concepção musicais no âmbito da organização temporal.

Gostaria de demonstrar isto a partir de alguns exemplos:

O gamelão vital

Retornemos ao diagrama de Pietzsch. Para mim, na qualidade de compositor, ele se assemelha a um esboço de partitura, que convida também à análise quanto à "recomposição". Quando falo de partitura, isto implica conscientemente uma forma de representação antropocêntrica, portanto relacionada à pessoa em processo de percepção e concepção. Como "baixo fundamental", cujo único período determina também a duração da "peça", coloco então o tempo de vida individual. Pretendemos imaginar nossa partitura vital como um imenso concerto gamelão, onde, acima do período básico do gongo mais profundo, se acumulam continuamente períodos mais rápidos. Durante nosso tempo de vida esgotam-se, por exemplo, os tempos de vida de outros organismos, com os quais de maneira consciente ou inconsciente nos relacionamos, do tempo de vida geralmente longo dos seres grandes até o tempo de vida geralmente curto dos pequenos seres. Em nosso gamelão vital ressoam, naturalmente, também ciclos cujo período total ultrapassa o nosso tempo de vida pessoal, algo como o tempo de vida de coletividades ou de árvores.

Para cada um de nós resulta naturalmente uma partitura própria, na qual tomam parte diversos grupos cíclicos: os ciclos ambientais, diferentes de acordo com a posição geográfica; os ciclos sociais, que variam segundo a situação étnica e econômica da pessoa em questão; e, finalmente, os ciclos próprios, cronobiológicos, que diferem individualmente.

Nosso bem-estar físico, psíquico e social depende da medida em que vivenciamos esta partitura conscientemente e colaboramos em sua formação. Uma harmonia inconsciente, que se estendia por séculos, até mesmo milênios — como acontecia com os povos primitivos —, não é mais possível para nós que vivemos em países industrializados modernos. Resta portanto, no plano analítico, desenvolver critérios orientados pela qualidade, que nos permitam desemaranhar a selva temporal da vida cotidiana. Para isso, oferecem-se em parte categorias musicais tradicionais, como consonância e dissonância, ou novos conceitos acústicos, como o ruído. A título de nota: talvez as dissonâncias que ocorrem com freqüência entre os indicadores de tempo naturais e os indicadores de tempo produzidos pela civilização industrial; ou o ruído produzido pelos inumeráveis indicadores de tempo da vida cotidiana, que se conflituam entre si.

No nível da composição, trata-se de utilizar conscientemente os espaços para uma configuração criativa de nossos ritmos vitais, e isto não pensando em eficiência, mas sim para formar este aspecto de nossa vida de uma maneira que corresponda à nossa individualidade rítmica — assim como já o fazemos em relação ao lado visual-espacial de nosso hábitat. A maioria das medidas de plano temporal às quais estamos expostos originam-se de conceitos bastante simples, apenas organizadores temporais referentes à quantidade, e freqüentemente pode-se melhorá-los com alguma fantasia. Evidentemente, sempre permanece um resto maior ou menor de ciclos naturais ou criados pelo ser humano que não nos agradam, mas sobre os quais não podemos exercer influência alguma. Podemos fazer com eles o que faz um compositor de música eletrônica na mesa de controle: permitir que ora um, ora outro se ponha em evidência, experimentar diversas mixagens.

Experiência rítmica e biorritmo
Nossa incapacidade de ouvir em nós mesmos a música *humana* dos decursos cíclicos, até mesmo nosso medo disso, tornou-se bastante clara com o *boom* dos chamados biorritmos. Foi nos anos 60 que começou o desconforto de se articular no "estar sempre disposto", propagado pela sociedade do desempenho perfeito. E no momento exato surgiram os especialistas em biorritmo, que traçaram suas curvas nitidamente sinusóides, imperturbavelmente monótonas. Basta-nos lê-las para termos uma explicação para o fato de neste ou naquele dia não conseguirmos um bom desempenho na profissão ou no esporte.

Na literatura especializada, i.e., nas intruções sobre a utilização do biorritmo, na verdade as durações periódicas das três curvas não são fundamentadas de modo convincente, e nem se esclarece por que aquelas curvas devem ser invulneráveis a todos os deslocamentos de fases, modulações de amplitude, etc. — para quem as utiliza é indiferente; o importante é que se tenha tudo claro, o preto no branco, não é preciso familiarizar-se com os resultados de pesquisas cronobiológicas que os antecedem, nem aperceber-se de seus próprios decursos, nem observar os efeitos dos indicadores de tempo naturais e sociais no seu funcionamento próprio. Há os biorritmos prontos, e, assim, por enquanto, os tímidos princípios de uma conciência real global e cronobiológica parecem alcançar o mesmo destino que — *mutatis mutandis* — a astrologia conseguiu já há muito tempo e em maior proporção.

A dificuldade da experiência ambiental rítmica nos dias de hoje
Nossos hábitats, principalmente quando em cidades, esforçam-se por

considerar o menos possível os efeitos dos ciclos ambientais, e assim desalojar estes ciclos de nosso âmbito de percepção. Moramos e trabalhamos em ambientes iluminados e aquecidos artificialmente, e vivenciamos as foto e termoperiódicas naturais apenas fragmentariamente, *en passant*. Através da iluminação artificial, é suprimida, por exemplo, também a mudança rítmica na utilização dos órgãos dos sentidos que ocorre no meio ambiente natural: a utilização primária da visão à luz do dia, o uso mais amplo da audição, do tato e do olfato na escuridão. Nossas ruas são asfaltadas, a chuva e a neve tornam-nas intransitáveis apenas ocasionalmente. E, assim, também nosso trabalho não se orienta por indicadores naturais de tempo, diretamente apreensíveis, mas, ao contrário, atende a horários e calendários fixos, produzidos atrás de escrivaninhas. Os indicadores de tempo que se encontram por trás deles perderam sua fisionomia para a maioria de nós.

Ritmos escolares
"A estrutura temporal dos processos de aprendizado institucionalizados" (Hofer, 1983), de modo geral, pouco se esforça em desenvolver no estudante uma estratégia temporal para a assimilação de diversos conteúdos de conhecimento de acordo com seu próprio ritmo, em deixá-lo descobrir sozinho e decidir qual área, e em que momento, corresponde melhor às suas necessidades.

No âmbito periódico longo (tempo de vida), continua a predominar a divisão fixa em três fases: aprender, trabalhar e descansar; nos âmbitos periódicos médio e curto (currículos, horários escolares), a organização temporal da ministração do conhecimento e da capacidade de aprendizado obedece a pontos de vista prático-administrativos. O que surpreende, entre outras coisas, é que, face à irreversível randomização da transmissão de informações através de meios que não a escola, nesta se mantenha viva a idéia de uma planificação temporal possível, ótima e centralizada.

Aos conteúdos das aulas faltam meios de orientação temporal, que seriam comparáveis aos vários meios de orientação espacial — que diversas matérias oferecem — e que permaneceram produtivamente na vida fora da escola. Como bônus temporais, são transmitidas apenas a pontualidade (no comportamento) e a precisão (na medida temporal física). O ritmo permanece vivo apenas na aula de música, com uma cesura perceptível em relação às outras matérias, nas quais predominam os aspectos visual/espacial e onde sua função como portador de informação essencial já se alicerçou no momento oportuno.

Entretanto, é exatamente aqui que a função terapêutica — em sentido mais amplo — da música pode ser inserida de modo eficaz.

Condição prévia é, sem dúvida, que o ensino musical ouse decisivamente dar um passo para fora do gueto cultural — esboçado no início — e que seja compreendido não apenas como educação para a (ou, mais convenientemente, através da) música, mas sim como introdução à musicalização da vida. Uma educação musical deste tipo, orientada por um conceito musical mais amplo, pode, do mesmo modo que a cronobiologia e a cronossociologia, contribuir para o reconhecimento e a melhoria dos múltiplos pontos danificados no âmbito da baixa freqüência. Nenhuma outra disciplina é tão indicada para desenvolver uma compreensão temporal qualitativa. Os aspectos rítmicos correntes na música *instrumentalis* (como, por exemplo, individualidade rítmica, sincronia e hierarquias rítmicas, tempo próprio e tempo determinado externamente, etc.) podem ser transmitidos sem grandes dificuldades para âmbitos não-sonoros.

Quando a música *instrumentalis* voltar-se para seu caráter-modelo, também a música *mundana* e a *humana* voltarão a ter um valor mais forte em nós e no meio ambiente.

Apêndice
Para terminar, um exemplo — graficamente reproduzido — da utilização de uma das maneiras de descrição emprestadas da música para ciclos não-sonoros.

Trata-se das "partituras" de dois calendários em parte ainda coexistentes em um vale entre montanhas do sul do Tirol: o calendário camponês tradicional, com seus feriados camponeses, e o calendário moderno, padronizado. Através da solução gráfica escolhida, fica clara — também para o leigo — a "forma ondulada" dos dois calendários.

[No filme produzido para a televisão do qual se origina o exemplo (Mayr, 1985c), também é mostrado o decorrer da forma ondulada no tempo.]

A forma ondulada "orgânica" do primeiro calendário corresponde, na aceleração correspondente, a algo como o jorrar de um regato; e a segunda, a um fluxo mecânico.

Em uma aceleração de velocidade até o âmbito da audição, a primeira corresponde — grosso modo — a um som instrumental, enquanto a segunda se assemelha a uma vibração retangular eletrônica assimétrica.

O calendário camponês tradicional em Sarntal (para 1984)

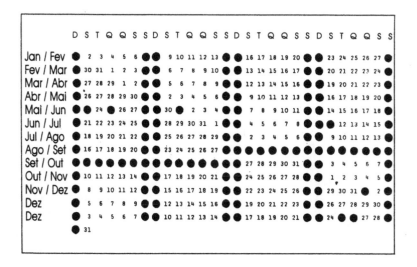

O calendário moderno, padronizado

Observações

1) A este respeito, ver G. Schaltenbrand: "A matematização de nossa imagem do mundo se baseia numa preferência unilateral pela esfera ótica/háptica de nossa experiência sensorial. Nessa esfera, nós medimos, determinamos a direção e formamos números. As qualidades da experiência sensorial, tais como cheiro, dor, bem-estar, som e cores são embaraçantes para a matemática, porque se encaixam apenas de maneira incompleta na explicação do sistema ótico/háptico". (Schaltenbrand, 1975.)

2) Chamamos de ciclos de baixa freqüência todos aqueles que se encontram abaixo do limite máximo da esfera da audição (15 KHz). Pertencem a ele, portanto, oscilações sonoras, ritmos musicais, ciclos sociais e ambientais.

3) Com o termo "indicador de tempo", originário da cronobiologia, designamos de modo geral todos os fenômenos naturais ou sociais, instituições (e também indivíduos) que regulamentam o transcorrer do tempo de outros organismos, como, por exemplo, o sol, a lua; instrumentos, tempo de trabalho regulamentado centralmente, etc.

4) A correspondência experimental entre consonâncias, dissonâncias e ruídos que estão no alcance da audição e aquelas que estão abaixo deste é fácil de ser conseguida após um treino curto, mas dirigido.

5) Em *Valley rhythms* (Mayr, 1985a) ponho em evidência as diferenças entre indicadores de tempo locais, diretamente vivenciáveis, e os espacial e socialmente distantes.

Bibliografia

Dossey, L. (1982): *Space, Time and Medicine*. Boulder e Londres. Shambhala.

Hofer, M. (1983): In der Rundfunksendung "Zeichen der Zeit". Hessischer Rundfunk.

Mayr, A. (1981): "Time-table in a flat Major: Audio and subaudio Rhythms, Signals and Noises." *Anthro Tech V/2*.

_____. (1983a): "Creative Time-Organization versus Subsonic Noises". *Diogenes 122*.

_____. (1983b): "Audible and Inaudible Musics: on musical behavior in non-Musical contexts". Artigo apresentado no colóquio "Reason, Music, Emotion", Ghent.

_____. (1985a): "Valey Rhythms: the making of the documentary VON ZEITEN UND LEUTEN — am Beispiel Sarntal." Artigo apresentado no encontro da Association for Social Studies of Time, Cambridge.

_____. (1983b): "Sketches for a Low-Frequency Solfège". *Music Theory Spectrum 7*.

Ruud, E. (1984): "Music in the Life of Man. A proposal for a seminar within the EMY 1985". Mimeo.

Schafer, R. M. (1973): *The Music of the Environment*. Viena. Universal Edition.

_____. (1975): *The Vancouver Soundscape*. Vancouver. The World Soundscape Project.

_____. (1976): *The Tuning of the World*. Nova York. Knopf.

Schaltenbrand, G. (1975): "Cyclic States as Biological Space-Time Fields". In: *Fraser, J.T. et al. The Study of Time II*. Berlim — Heidelberg — Nova York.

TOM NOESS

Categorias de Respostas em Improvisação Clínica

Cada ser humano é único. Cada ser humano reage de maneira própria ao seu ambiente. Se você e eu ouvirmos um pássaro cantar enquanto caminhamos — ou um solo de violino numa sala de concerto —, cada um de nós terá uma experiência emocional e cognitiva individual.

Esse fato não exclui que, além disso, possamos sentir que vivenciamos algo similar ou em comum. Vicenciar algo em comum é a verdadeira base da comunicação. O princípio mais importante no meu trabalho em musicoterapia é alcançar o ser humano individualmente, com suas respostas únicas, e isso é feito, em primeiro lugar, através de uma audição cuidadosa. A próxima etapa importante será estabelecer a comunicação, utilizando essa resposta única como ponto de partida.

A classificação detalhada de uma variedade de respostas é, sem dúvida, difícil. Um motivo para isso é que todos os sons e músicas são acompanhados de uma resposta emocional bastante complexa. Tentarei, portanto, ordenar as respostas em categorias visíveis e auditivas. Tentarei ainda exemplificar de que modo as respostas podem ser utilizadas em um processo comunicativo e como isso pode conduzir a um importante desenvolvimento do paciente.

1. Categorias de respostas: musicalmente inativo
Com a expressão "musicalmente inativo", designo a pessoa que não dá respostas visíveis ao som ou à música executados. Muitas pessoas portadoras de deficiências físicas e/ou mentais apresentam, dadas

as suas condições, dificuldades de reagir à música. Isso não significa que não necessitem e desejem estimulação musical. Esses pacientes têm mais necessidades terapêuticas do que outros.

Objetivos e técnicas:
Uma condição para o desenvolvimento emocional, cognitivo e social é a capacidade perceptiva do paciente. O estímulo da ''percepção'' será, portanto, um objetivo musicoterápico básico. Isto pode ser feito com diferentes sons ou estímulos musicais.

Um instrumento que geralmente provoca percepção ou atenção são os guizos, instrumento de percussão latino. Outro instrumento útil é, naturalmente, a voz humana, usada de diversos modos jocosos.

O terapeuta pode acompanhar com sua voz e instrumentos o comportamento do paciente. Pode também imitar o som do paciente. Desse modo, está aceitando o seu comportamento. Como ponto de partida, o terapeuta aceita o comportamento do paciente, condição necessária para um contato e uma comunicação posteriores.

Outra técnica é cantar e representar para o paciente de um modo que o faça se sentir seguro. O canto proporciona experiência de intimidade e, portanto, de segurança. É algo melhor do que palavras, porque, para muitas crianças, palavras são apenas sons limitados.

Uma experiência auditiva pode também ser de grande importância para o paciente, mesmo que o terapeuta não observe nenhuma resposta por parte da criança.

2. Categorias de respostas: movimento
Os movimentos habituais podem ser diferenciados dos movimentos de respostas.

Movimentos habituais são os que o paciente realiza diariamente, estimulados ou não por música. *Movimentos de resposta* são os que se originam, de alguma maneira, da música.

Objetivos e técnicas:
Tentarei ilustrar, com alguns exemplos de técnicas e seus objetivos, as categorias relativas a respostas que se seguem:

Resposta	Técnicas	Objetivos
Movimentos	Acompanhar com música o andamento, a intensidade e a forma de movimento. Descrever através do canto o que o paciente está fazendo, e com qual membro.	Aceitar que o paciente adquira segurança e confiança no que *pode* fazer. Proporcionar ao paciente a oportunidade de estar cônscio de suas ações e das partes de seu corpo.
Habitual	Deixar que o movimento ocasione um som em qualquer instrumento que o paciente prefira. Após ter repetido a seqüência musical: parar a música. Mudar o andamento, a intensidade, etc. na seqüência repetida.	Proporcionar ao paciente uma experiência auditiva de seu comportamento motor. Proporcionar ao paciente a experiência de que suas ações têm uma conseqüência fora dele. Proporcionar ao paciente a oportunidade de reagir a mudanças e iniciar padrões motores-musicais contínuos, novos ou prolongados.
Resposta	Mover os instrumentos cuidadosamente/ alegremente.	Proporcionar ao paciente as possibilidades de reagir às mudanças na música e ao terapeuta. Proporcionar uma experiência de equilíbrio entre segurança e desafio.

Estudo de caso: Mathias
(Exemplo no vídeo)

Mathias, na época desse exemplo, estava com oito anos de idade. Era quase inativo em seus movimentos corporais. Lembro-me de levá-lo à sala de música — era como se eu estivesse carregando um saco de batatas. Ele tinha paralisia cerebral (atetose) e conseguia, através de determinados estímulos (especialmente auditivos), realizar alguns movimentos de extensão. Sem estímulo, ele escorregava e mal conseguia manter a cabeça sobre o corpo.

Alguns movimentos habituais podiam ser vistos em sua perna direita. Esses movimentos eram acompanhados por música. Ele gostava do som de um pandeiro, que conseguia extrair chutando-o com o pé. Gradativamente, descobri mais estímulos musicais aos quais ele reagia com intensidade.

(Exemplo no vídeo)

Mathias reagia bastante à linguagem da "música espanhola". Começava a mover as pernas logo que a música começava a ser tocada. Ativavam-no e afetavam-no, também, trêmulos, fermatas e glissandos.

Após dois anos de trabalho com Mathias, uma vez por semana, ele podia mover as pernas ativa e intencionalmente enquanto a música era tocada. Ele já chutava o pandeiro, de modo alternado, com cada pé.

(Exemplo no vídeo)

O som do pandeiro se assemelhava bastante a um padrão de marcha, e era natural que tentássemos fazê-lo andar utilizando os mesmos princípios.

Colocamos Mathias num voador, e ele ouvia o som do pandeiro, e a "música espanhola" que apreciava, a cada passo que dava.

3. Categorias de respostas: vocal
O instrumento musical mais importante e flexível para ser utilizado na comunicação musical talvez seja a voz humana. Com muita freqüência, o terapeuta toma como ponto de partida os sons emitidos pelo paciente.

Objetivos e técnicas:
Nossa intenção é estabelecer uma condição em que o paciente possa *aceitar* suas possibilidades expressivas através da voz. Para atingir esse objetivo, torna-se importante que o terapeuta tenha meios de proporcionar uma estrutura de segurança e liberdade, usando sua própria voz de maneira livre e jocosa. Ao imitar os sons do paciente, estaremos mostrando nossa aceitação pelo que ele está fazendo.

Pode-se criar um acorde para sustentar o som que o paciente estiver emitindo. Se ele estiver cantando um som repetidamente, poderemos mudar os acordes, ou mesmo criar uma linha melódica em que *seu* som seja o tema central. Uma frase musical em que o som do paciente seja um solo pode lhe proporcionar a sensação de estar preenchendo uma parte importante na estrutura musical.

Através dos sons vocais, podemos estabelecer uma situação de "tomá-lá-dá-cá". Esta pode ser uma experiência importante de contato e comunicação, especialmente com pacientes que não se comunicam.

Se a situação estabelecida for a de imitação de sons, o paciente pode também imitar, intencionalmente, os sons feitos pelo terapeuta. Pode-se, então, adaptar palavras simples aos sons ou ao canto, como, por exemplo, seu próprio nome ou o nome da atividade que estiver sendo realizada (canto, brincadeira, etc.). Desse modo, podemos perceber uma improvisação clínica como uma espécie de treinamento da fala.

Uma técnica em geral bem-sucedida é colocar um microfone na frente do paciente e, dessa maneira, reforçar os sons que ele estiver emitindo através de um amplificador. Desse modo, o paciente pode conseguir um maior *feedback* auditivo de seus próprios sons.

Para pacientes que emitirem respostas vocais confusas, uma progressão que parta da improvisação livre até frases musicais estruturadas e repetidas pode absorvê-los e ajudá-los a organizar sua potencialidade expressiva.

Resumo das principais funções da música na improvisação clínica:
1. Aceitação:
As respostas do paciente em diferentes categorias podem ser utilizadas na improvisação. Usando a música como um meio de comunicação, podemos aceitar o paciente como ele é.
2. Princípio-de-Iso:
O terapeuta improvisa música que sirva de apoio às respostas do paciente e se adapte a elas.
3. Iniciativa:
A iniciativa do paciente é essencial à evolução do tratamento do paciente. Através da música, estamos ajudando a criança a tomar iniciativas.
4. Experiências emocionais:
O terapeuta pode estruturar a música de modo que o paciente tenha possibilidade de êxito em seus esforços musicais. A música deve também ter um conteúdo emocional que possa reforçar a sensação de êxito.
5. Comunicação:
A estrutura musical deve se caracterizar como "toma-lá-dá-cá", de modo que o paciente possa ter a experiência de produzir algo importante.
6. Objetivos estabelecidos a partir do diálogo:
O programa de tratamento deve seguir uma progressão que vai do apoio às respostas do paciente até os objetivos mais definidos, construídos e desenvolvidos a partir das necessidades dos pacientes reveladas através da improvisação.
(Exemplo no vídeo)

ALFRED A. TOMATIS
JACQUES VILAIN

O Ouvido à Escuta da Música

I Introdução

Se, propositalmente, sugerimos que o ouvido pode se colocar à escuta da música, é para sublinhar que ele pode também não se prestar a tal atitude. Porque trata-se de uma atitude. Colocar-se à escuta consiste em responder a um apelo de forma deliberada.

Também não é suficiente ter ouvidos para decidir escutar. Mas é verdade que sem ele seria difícil tomar tal atitude.

A escuta se coloca aqui como uma capacidade específica que se utiliza preferencialmente do ouvido a fim de integrar, graças a ele, mensagens sonoras, entre as quais inscreve-se a música.

Para chegar a uma conclusão mais direta que, logo de início, presidirá nosso discurso, diremos que a escuta é tudo.

É tudo no sentido de que é uma capacidade de alto nível à qual o homem está destinado. Dela depende o seu futuro. Ela contribui para a organização de sua estrutura neuronal, que será condicionada, em última instância, pela própria escuta. De certa forma, ela induz o homem a tornar-se o que ele deve ser: um ser em ressonância com tudo o que vive e, desta forma, com tudo o que vibra.

O homem evoluído caminha em direção à escuta. Não se trata de uma visão puramente metafísica, mas de uma realidade concreta que dá ao ouvido sua razão de ser e à música o sentido de sua existência.

Pensando bem, o ouvido é na verdade uma antena aberta para a comunicação no, sentido mais amplo do termo. Ele está longe de se limitar simplesmente ao órgão anatômico, como costumamos pensar. Ele pode chegar a transformar o homem, visto como um todo, em um ouvido.

O homem torna-se escuta total. Inúmeros fatores o demonstram, mesmo que não nos preocupemos em situar a escuta em seu verdadeiro nível e que não saibamos tomá-la como o fio condutor da organização que induz a estrutura humana. É dela que depende a dinâmica neurofisiopsicológica.

A escuta leva o homem a expandir-se numa dimensão mais vasta. Ela lhe revela sua inserção em um universo que ultrapassa infinitamente seus limites anatômicas. Liberto de seus limites físicos graças a essa antena auditiva, ele se engaja num processo de total comunicação, em uma comunhão com seus pares. Através de sua escuta interior, o homem chega a se diluir no espaço sideral e consegue perceber e escutar, concomitantemente, sua própria interioridade material. Ele, pode, assim, até dialogar com suas estruturas orgânicas.

Este longo preâmbulo seria só uma pura interpretação filosófica se não estivesse apoiado numa prática clínica cotidiana desenvolvida há mais de quarenta anos e cujos resultados constituem a prova do que estamos colocando. Além disso, não passaria de um discurso especulativo se não tivéssemos, durante nosso longo caminho de pesquisas, colocado em evidência o suporte anatômico-fisiológico de todos os mecanismos envolvidos.

O que é o ouvido? O que é o homem-ouvido? O ouvido é um conjunto anatômico aparentemente complexo e no entanto fácil de abordar, desde que se proceda ao estudo de sua evolução. É mais útil para nós vê-lo construir-se em função de suas necessidades do que nos vermos confrontados *ex abrupto* com sua arquitetura acabada, que não fornece necessariamente os segredos de seus mecanismos mais íntimos. Ele é o que é, e, ainda melhor, ele se tornou o que é para responder, achamos nós, as necessidades bastante precisas.

À idéia dos povos antigos, que pretendiam que o som construía o ouvido, eu acrescentaria que foi para se colocar à escuta da criação que o homem foi concebido como uma antena.

O que isto significa?

Para se integrar em uma tal dinâmica, o homem é, no entanto, um ouvido, e eu ousaria acrescentar que é um ouvido em vias de se entregar à escuta. A dimensão humana só encontra sua plenitude no desabrochar de sua adesão absoluta a esta entrega.

Porque é realmente uma entrega o modo como o homem se abandona, com a percepção aberta, ao ambiente que o convoca. O ambiente não cessa de revelar ao homem sua pertinência a este grande todo vibrante que se manifesta fora e dentro de cada ser humano, passando de um para outro, unindo num jogo permanente o finito da natureza humana e o infinito imóvel, limite de nossa concepção de mundo.

No decorrer de seu processo evolutivo, o ouvido, em sua ontogênese, nos conduz de forma concreta, de etapa em etapa, à organização mais materializada do que acabamos de propor.

De fato, perceber o meio ambiente já é dialogar com ele. É situar-se, com ele, no universo. É colocar-se nele, em relação direta com seus elementos constitutivos. É inserir-se implicitamente em uma dinâmica de relacionamento que, de início, não parece auditiva, e que no entanto depende inteiramente do ouvido.

Superando nossa concepção de audição, nossa percepção centrada no universo sonoro, o ambiente infra-sonoro, tão variável e vibrante, tem coisas a dizer. Talvez seja conveniente, para uma melhor compreensão, especificar o que entendemos por um mundo sonoro e seu substrato, o universo infra-sonoro.

Não há mundo vibrante sem um material capaz de ser colocado em vibração. O mesmo ocorre com o ar, que ressoa a partir do modo momento em que um impulso o convida a modificar sua estrutura vibrante original. Porque o ar vibra incessantemente graças aos movimentos dos elementos que o constituem e que se agitam de maneira rápida e ruidosa. Estes movimentos, felizmente, se tornam silenciosos graças à interpretação de nosso limiar perceptivo. Esta primeira modulação, fundamental, função da temperatura, do ambiente, da altitude, e que convencionamos chamar de silêncio, se caracteriza a princípio pela pressão atmosférica na sua manifestação mais física.

Trata-se já de um diálogo quando percebemos este estado de tensão relacional que existe entre o ambiente aéreo, no qual estamos mergulhados, e nosso revestimento cutâneo e mucoso. Mas neste nível tudo se situa, em matéria de informação, em estado protopático, isto é, abaixo do limiar da percepção consciente. Tudo se passa em níveis de regulação que poderíamos denominar de automáticos. No entanto, é através deles que a estática se organiza, assim como a dinâmica cinética, no mesmo momento em que a gravidade se une às forças de pressão. O impacto das tensões barométricas, o jogo de equilíbrio com as forças gravitacionais, são os substratos iniciais do diálogo subliminar, permanente, contínuo e tão necessário à nossa condição orgânica.

A partir desta primeira troca, elabora-se uma dinâmica corporal, enquanto um esboço de autonomia começa a ser traçado. Ela pode atingir diversos níveis enquanto inclusão no todo, como uma individualização em relação ao meio. Ela pode se perceber, em um estado mais evoluído, sob forma de uma entidade mais caracterizada, de um todo indiviso; enfim, de um indivíduo entre os outros. Será necessário atingir uma estrutura mais tardia, que supere o simples jogo de relações subliminar, para que se veja esboçar e depois cristalizar-se a pessoa humana: ressonância nascente do ser à escuta, mas perigosamente engolido, enterrado e oculto pela carapaça da personalidade.

O estado subliminar já é obra do ouvido em sua relação com o meio ambiente, no qual se inscrevem, sabe-se atualmente, o jogo das pressões atmosféricas, a atividade subliminar acústica do silêncio presente e a dialética corpo-terra, cujo equilíbrio gravitacional organiza as relações com a gravidade.

Na verdade, é no ouvido que o elemento essencial, o primeiro, o mais arcaico, que é o vestíbulo, se encarrega justamente dessas fuções de base, dessas funções realmente fundamentais, já que delas dependem as próprias estruturas arquiteturais da forma do corpo humano e a relação deste com o meio. O que este corpo se tornaria sem pressão? Suas formas "explodiriam"! Da mesma maneira, o corpo sem peso estaria num estado de desconexão imediata, graças à ausência de estímulos inerentes às ações, reações ou contra-reações gravitacionais na relação do corpo submetido à atração das forças da gravidade.

O vestíbulo atua, é certo, mas não pode sozinho provocar este conjunto de percepções, por mais subliminares que sejam, sem a ajuda de uma estrutura neuronal a ele relacionada. Eu me inclinaria, sem problema algum, a precisar que este apêndice nervoso é produzido pelo ouvido com o objetivo de satisfazer às necessidades que se tornam cada vez mais refinadas à medida que nos dirigimos para uma escuta mais sutil.

Isto significa dizer, e nós acreditamos sinceramente, que o ouvido induz o sistema nervoso. Se nos fosse dada a possibilidade de efetuar uma digressão filogenética, ficaríamos estupefatos com a veracidade esta proposição. Mas fugiríamos em demasia do projeto inicial.

As páginas que se seguem serão consagradas ao papel fundamental exercido pelo vestíbulo para que o ouvido e o sistema nervoso se coloquem à escuta da música. Poderemos, em seguida, evocar a importância da cóclea na função de percepção e discriminação dos sons.

II A rede vestibular

O vestíbulo é composto pelo utrículo, cujo objetivo é assegurar os movimentos relativos da cabeça em função de um plano horizontal definido por ele.

A ele se associa o sáculo, que visa à manutenção neuromuscular da coluna vertebral e ao controle da dinâmica dos membros.

Envolvendo o utrículo, os três canais semicirculares situados nos três planos do espaço têm por função controlar a dinâmica cinética do corpo e de cada uma de suas partes.

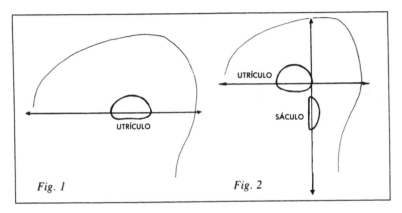

Fig. 1 *Fig. 2*

Não é necessário dizer que, para assegurar tal atividade, o conjunto dos músculos do corpo se situa numa região periférica à rede nervosa vestibular. De fato, nenhum músculo escapa ao jogo do vestíbulo. O controle de retorno se faz através de um órgão aí situado com esta finalidade, o cerebelo. Este, de início, permite ao vestíbulo criar uma rede de sua própria projeção, em uma parte denominada arqueocerebellum.

Em segundo lugar, para que as informações recolhidas pelo conjunto do corpo possam ser confrontadas às redes de projeção do vestíbulo, os feixes de retorno têm um lugar reservado ao paleocerebellum.

Pressente-se assim que o vestíbulo tem uma ação sobre o movimento, e conseqüentemente sobre o movimento organizado, sobre o ritmo, em suma. Com efeito, é somente dele que dependem ritmos e cadências. A rede neuro-vestíbulo-corporal assegura assim a integração de todos os movimentos no plano dos automatismos. É desta forma que se elaboram a estática, o caminhar, o correr. É assim, igualmente, que as diferentes angulações, viradas, rotações, podem ser assimiladas. Efetivamente, graças ao jogo das contra-reações dos líquidos endolinfáticos em relação aos movimentos do esqueleto

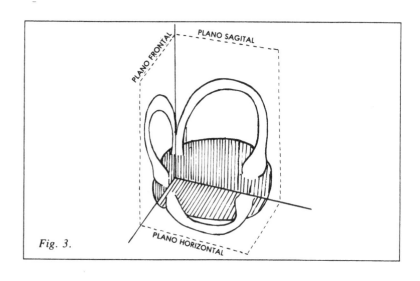

Fig. 3.

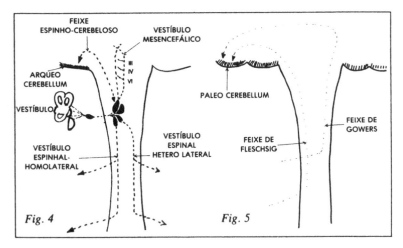

Fig. 4. *Fig. 5.*

labiríntico, um processo de integração absorve cada um dos movimentos, os inventaria, os classifica e os memoriza, a fim de definir o espaço em função dos movimentos adquiridos e de determinar o tempo graças ao prazo de sua execução.

O vestíbulo é o órgão temporal-espacial por excelência. Os movimentos assim absorvidos e codificados serão reproduzidos à vontade. E, ainda melhor, poderão ser suscitados, renovados, gerados, de certa forma, em função das impulsões dadas ao vestíbulo. É assim que os ritmos despertam os movimentos memorizados e desencadeiam até sua reprodução. A dança não conhece outra origem. Ela é a reprodução periférica da dança dos líquidos endolinfáticos no interior do vestíbulo membranoso.

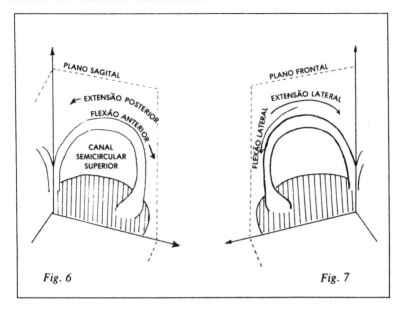

Fig. 6 *Fig. 7*

Os canais semicirculares têm um papel capital neste modo de expressão. Assim, o canal superior preside os movimentos de flexão e de extensão no sentido anteroposterior.

Quanto ao canal posterior, ele dominará a flexão e a extensão lateral.

Não é preciso dizer que há necessariamente uma sincinesia assimétrica complementar que se instala ao nível dos dois labirintos vestibulares a fim de que eles possam funcionar de forma combinada. Caso contrário, a anarquia se instala ao nível do controle e o resultado não se faz esperar no plano periférico. Constata-se assim uma descoordenação nos gestos, reflexo desta regulação intervestibular inexistente ou mal harmonizada.

Esta dialética entre os dois labirintos vestibulares se revela da seguinte maneira:

— ou diretamente de vestíbulo a vestíbulo ao nível dos núcleos vestibulares;

— ou no estágio arqueocerebeloso, onde as contra-reações podem deixar transparecer várias causas de má sinergia:

— ou ao nível das conexões diretas que se estabelecem entre os vestíbulos e o arqueocerebelo. Estas podem estar mal organizadas,

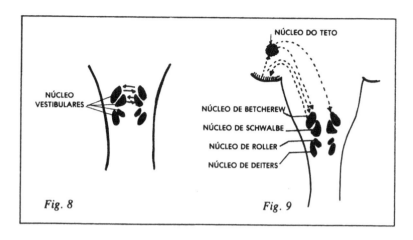

Fig. 8   *Fig. 9*

ou a relação estabelecida pelo núcleo do teto cerebeloso pode se revelar ineficaz;

— ou, enfim, ao nível das junções que ligam o núcleo do teto cerebeloso ao vestíbulo oposto. Pode acontecer que estas junções não tenham atingido seu nível funcional.

Enfim, um terceiro canal semicircular, chamado canal semicircular externo, tem um papel igualmente importante, sem dúvida o principal, por duas razões:

— de início, este canal é o mais arcaico; a linhagem filogenética nos testemunha isto;

— em seguida, dele depende todo deslocamento lateral e, portanto, toda angulação em relação à linha direita.

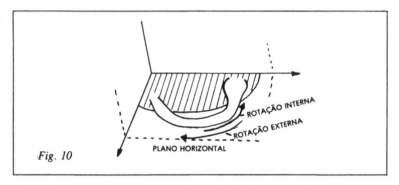

Fig. 10

Mais que nos outros canais semicirculares, a sinergia entre os dois vestíbulos é aqui capital. Dela depende a orientação no espaço. Só percebemos isto quando nos deslocamos uma certa distância de olhos fechados; então compreendemos a que ponto esta ativação dos jogos concomitantes e opostos, ou, se preferirmos o termo, "em espelho", deve estar sutilmente combinada.

Convém abrir um parêntese a propósito do jogo das regulações mal-elaboradas dos dois vestíbulos. Ele diz respeito às compensações periféricas musculares, que respondem às ações, reações e contra-reações neuromotrizes pelas vias vestíbulo-espinais homo e heterolaterais sob o controle dos feixes de Fleschig e de Gowers. Ao mesmo tempo, uma programação desprezível se inscreve na rede de junção arqueo e paleocerebelosos (rede de Purjinke).

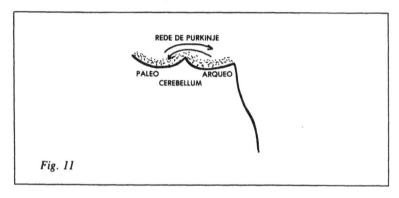

Fig. 11

As deformações da coluna vertebral, as posições erradas, as más posturas encontram aí a sua origem. Elas são a integração somática de uma dialética de má qualidade ao nível vestibular, cuja origem é, sem dúvida, de ordem psicológica.

Assim, podemos dizer que, no domínio da música, os ritmos são verdadeiramente corporificados, no sentido real do termo. O mesmo ocorre com as cadências que devem responder às possibilidades gestuais. Elas só encontram sua realidade se tiverem sua possível transcrição somática.

Aliás, a partir daí inscrevem-se ritmos fisiológicos cadenciados sobre os ritmos vitais, interiores, primários, de base, como os batimentos cardíacos e as seqüências respiratórias; em seguida, ritmos secundários, externos, que suscitam a participação corporal em uma dinâmica gestual.

Além do ritmo, a música oferece uma expressão melódica que, por seu lado, exige a presença de uma organização neuronal infinitamente mais elaborada. É então que intervém o segundo elemento da vesícula labiríntica: a cóclea.

III A rede coclear

Agora que o instrumento somático está de fato instituído e ritmicamente apto a integrar, torna-se fácil adicionar a ele um conjunto apto a absorver uma estrutura rítmica mais sutil, tão sutil que chega a modular em um tempo infinitamente mais tênue, que escapa à análise do movimento seqüencial. Trata-se do movimento freqüencial. Porque a freqüência é um deslocamento da ordem do infinitamente pequeno. Ajustar-se aos tons é conseguir se adaptar a essa ordem do infinitamente pequeno. A partir daí, não há mais deslocamentos corporais associados, mas sobretudo uma resposta de profunda ressonância somática às tonalidades que se inscrevem em diferentes estágios somáticos, metaméricos. Para que uma integração de tão alto nível possa ser elaborada, uma outra escuta deve se instaurar. Ela abarca uma participação consciente, ativa, deliberadamente decidida, de perceber as modulações temporais, melódicas, harmonizadas sobre micromodulações freqüenciais.

Portanto, à semelhança do integrador vestibular, a rede coclear se inscreve segundo um esquema bastante específico que estudaremos agora. Esta rede é também chamada "integrador lingüístico", tal é o papel no domínio da palavra que ele vai engendrar e controlar.

Chama-se ainda "integrador" tudo o que contém ao mesmo tempo o motor e o sensitivo, isto é, o sensorial de um mesmo território. Trata-se então de uma entidade capaz de integrar.

O integrador coclear, cabe precisar, começa pela cóclea. Situada sob o vestíbulo e o sáculo, ela dá nascimento ao nervo coclear, coletado na columela, parte central do labirinto ósseo.

Deste primeiro reservatório ganglionário, denominado gânglio de Corti, o nervo coclear se dirige para a parte alta do bulbo e se distribui em dois núcleos, um anterior ou ventral, outro posterior ou dorsal.

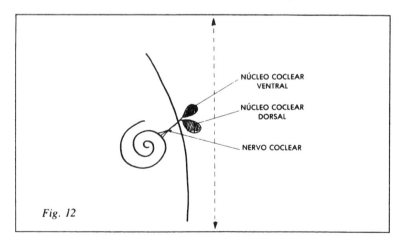

Fig. 12

A partir daí, 3/5 dos *tractus* vão passar para o lado oposto para encontrar os núcleos cocleares homólogos, enquanto os 2/5 restantes permanecem homolaterais.

Desta forma, vê-se desde então que dois feixes ascendentes, um à direita, outro à esquerda, um de fato homolateral e o outro heterolateral, constituem dois *tractus*, chamados lemniscos laterais, direito e esquerdo.

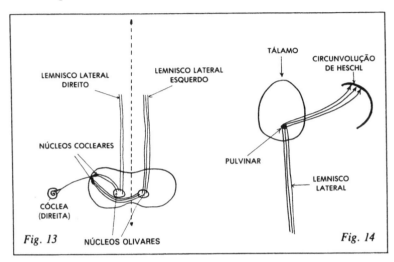

Fig. 13 *Fig. 14*

Esses *tractus* circulam de modo ascendente e vão ao encontro da parte posterior (ou pulvinar) do tálamo correspondente, e deste reservatório dão nascimento a feixes que se projetam na circunvolução de Heschl.

Da circunvolução de Heschl, as conexões se dirigem para a zona subjacente, dita zona gnósica, e depois para a zona situada mais abaixo, mas contígua.

Poder-se-ia presumir — o que ocorreu durante muito tempo — que não se pode ir além para explicar, de uma forma dificilmente aceitável, é verdade, o que é memória. Mas esqueceu-se que esta zona que responde à memória nominativa é uma zona motriz extrapiramidal, ou seja, na verdade não é comandada voluntariamente. Ela responde à motricidade automática, como nos mostram, aliás, os próprios fenômenos de memória, que se encaixam de maneira automática e espontânea.

Além disso, torna-se muito importante sublinhar que os feixes ligam esta zona tão específica a núcleos que se situam ao nível da Ponte, isto é, abaixo do bulbo. Estes feixes foram descritos por Turk-Meynert.

A partir daí, uma conexão se estabelece e permite aos feixes se reunirem e se dirigirem ao neocerebelo, terceira e última parte do cerebelo, a mais recente e nova, com o neocórtex.

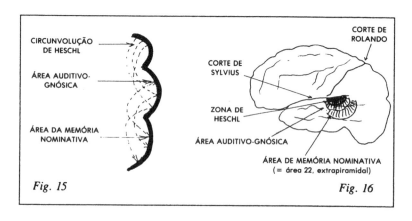

Fig. 15   Fig. 16

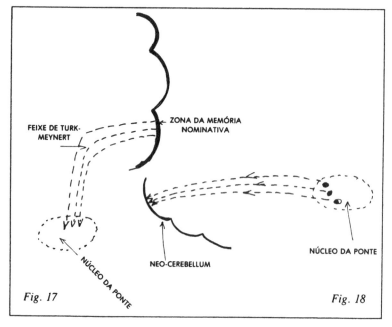

Fig. 17   Fig. 18

Esta reunião ao nível do neocerebelo tem uma grande importância, e deve-se levar em conta as vantagens que ela apresenta, sobretudo:

— permite, através da rede de superfície que já conhecemos (rede de Purkinje), encontrar o paleo e o arqueocerebelo, isto é, encontrar as projeções corporais e vestibulares

— permite dar nascimento aos *tractus* que se dirigem para o núcleo dentado, que recolhe o conjunto das fibras emanadas do neocerebelo a fim de dirigi-las ao tálamo oposto em sua parte mediana;

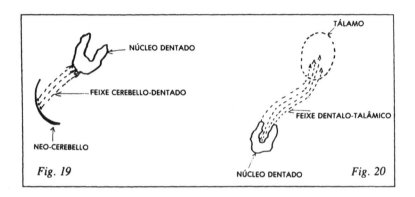

Fig. 19   *Fig. 20*

— e, como terceira conseqüência, permite a todo o cérebro se projetar ao nível do neocerebelo, como faz o corpo ao nível do paleocerebelo e o vestíbulo ao nível do arqueocerebelo.

É então sobre o tálamo oposto, correspondente à zona nominativa de partida, que se projetam estas fibras neocerebelosas que partem do núcleo dentado. Por esta razão, elas se tornam novamente homolaterais em relação a esta mesma área da zona nominativa através dos núcleos da Ponte, para serem depois projetadas no neocerebelo oposto. Nota-se, na passagem, que existe uma informação memorizante cerebelosa cruzada, graças à rede de Purkinje.

Na parte mediana do tálamo, o córtex é literalmente inundado em todas as suas áreas extrapiramidais, como dizíamos acima, e de sua projeções voltam fibras que retornam à Ponte, da Ponte ao neocerebelo, depois ao núcleo dentado, e retomam o circuito talâmico, realizando assim o grande circuito córtico-ponte-cerebelo-dentato-tálamo-cortical, tão importante nos fenômenos de memorização, que, a todo momento, injetam e reinjetam informações.

Mas um detalhe complementar, e que consideramos de grande importância, nos leva às nossas relações vestibulares por um *tractus* que, a cada um dos retornos dentalo-talâmicos, se destaca para ir encontrar a parte recente do núcleo vermelho, chamado neo-rubro, do mesmo lado que a emergência do núcleo dentado. Deste núcleo neo-rubro partem feixes cruzados em direção às raízes anteriores do eixo espinal, no lugar em que as raízes vestíbulo-espinais encadeiam os controles motores automáticos.

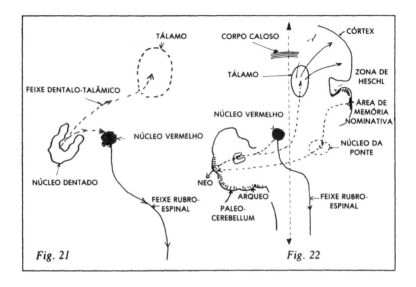

Fig. 21   *Fig. 22*

A partir destes dados, esse integrador, examinado agora em seu conjunto, é então cócleo-bulbo-tálamo-córtico-ponte-cerebelo-dentalo-córtico-ponte-cerebelo-dentalo-rubro-corporal.

Assim, o circuito se fecha:
— o aparelho vestibular prepara o instrumento;
— a cóclea lhe permite análises de seqüências freqüenciais.

Basta adicionar aí o feixe piramidal, o do virtuose nascido da área frontal ascendente. Ele é totalmente cruzado, o único que o é com suas aferências sensoriais conscientes.

Tudo neste nível pertence ao domínio da vontade, da escuta: a motricidade do rosto, dos dedos, do corpo. Em resumo, tudo o que pode e quer utilizar a totalidade dos elementos colocados pelo aparelho vestíbulo-coclear.

IV   À escuta da música

Depois de tentar responder à questão: o que é o ouvido e o que é o homem que escuta, não seríamos levados a nos perguntar qual pode ser o valor educativo da música?

O corpo humano é um instrumento neural apto a integrar os sons modulados, pertinentes a seu ritmo, sua cadência seqüencial e sua discriminação freqüencial.

Ele está em condições de integrar este desenvolvimento acústico, o que significa dizer que, por isso mesmo, está apto a colocar-se em ressonância sob o impulso de tais solicitações e, melhor ainda, é capaz de reproduzi-las à vontade.

É claro que certas exigências neurofisiológicas devem estar reunidas para que este equilíbrio de trocas se realize nas melhores condições.

Depois de abordá-las, somos naturalmente levados a dizer algumas palavras sobre a música, porque, se é verdade que através dela o corpo humano se coloca em vibração, não é menos verdade que ela própria emana da rede neural considerada na sua globalidade.

Saída do somático, ela retorna ao somático. Saída do compositor, ela leva o ouvinte a se engajar por sua vez no caminho que deve levá-lo até a revelação das ressonâncias percebidas pelo próprio compositor. Ela o leva a tornar-se uma antena ligada ao espírito do autor, à escuta da obra musical proposta.

Assim, a música gera em todos esta aptidão particular de recriatividade. Na verdade, o próprio compositor nada mais é do que uma antena mais afinada, que chega a detectar o desenvolvimento do canto permanente que a criação continua a emitir para além do limiar perceptivo habitual. E toda criatividade se reduz à *transdução* das manifestações do logos sob todas as suas formas, as mais puras, mas também as mais elaboradas. Só o logos edita, e o homem o exprime em sua poética, musical ou pictórica, escultural, arquitetural ou literária. Acrescentam-se a isso, é claro, as lâminas de fundo dos estados da alma, que, por mais enriquecedoras que possam ser, não alteram o verdadeiro conteúdo, conduzindo assim todo o processo que parte da estética pura para as alterações culturais e pessoais.

Mas existem os "universais", que são verdadeiras jóias em estado de cristalização. Tão raras quanto podemos imaginar, elas só podem nascer de cérebros excepcionais, dotados de um estado de entrega absoluta no momento da criação.

Se existe uma música deste tipo, é a que nos transmite Mozart. Ele nos transmite sua música no sentido mais amplo do termo. Este ser singular soube selecionar os ritmos, as cadências e as seqüências freqüenciais que estão em harmonia com o sistema nervoso. Esta comunhão sintônica do universo sonoro que ele descobriu desperta em nós mil ressonâncias fisiológicas profundas, uma real liberação de nossos estados de alma. Podemos então esquecer nossa própria encarnação para viver uma escuta atenta nas dimensões que o próprio Mozart deve ter experimentado quando se entregava a esta efusão musical inspirada que a criação sabia fazer cantar nele, muito além das suas preocupações cotidianas.

O valor pedagógico excepcional desta música, que encontra o valor emotivo da alma de Mozart, está ligado ao despertar de uma resssonância de harmonia de fundo preexistente em cada rede neural. Mozart foi o único *transdutor* que soube traduzir em uma linguagem sonora, de acordo com os ritmos neurofisiológicos, o que a criação lhe enunciava.

Queremos dizer com isto que nem todo som tem o mesmo valor educativo, e menos ainda terapêutico. Mozart prepara e intensifica a dinâmica interna do sistema nervoso e do sistema simpático, sobretudo através da aceleração cardíaca e da amplificação do processo respiratório. Outras músicas, é certo, tonificam, arrebatam, pelo ritmo e riqueza dos sons agudos. Outras, ao contrário, podem inibir e provocar a lassidão, sem falar dos estados de alma emocionais que elas suscitam — e que não devem por isso ser rejeitadas em função da obra transmitida. Mas são músicas de liberação. Enfim, outras, mais nocivas ainda, chegam a destruir o código de base através da reiteração de uma nova linguagem neurofisiológica incompatível com os ritmos de fundo do sistema nervoso e do sistema neurovegetativo.

Será necessário, sem dúvida, que nos próximos anos nos dediquemos a um estudo discriminativo dos efeitos da música sobre esta ou aquela parte do corpo ou da alma. Decorrerá daí uma concepção educativa e terapêutica que levará à instauração de uma pedagogia de base, sobre a qual se fundarão os mais variados campos de exploração em torno das ressonâncias específicas gestuais ou psicofisiológicas.

De nossa parte, contentamo-nos em assegurar a pesquisa fundamental que permite encontrar os ritmos neurológicos em total acordo com os sons colectados. Servimo-nos essencialmente da música para preparar o despertar do desejo de escutar, a partir do qual se introduz o desejo de comunicar. É daí que resultam as estruturas lingüísticas.

Graças a um complexo eletrônico denominado "ouvido eletrônico", somos capazes de ver como opera um modelo de ouvido humano. Com efeito, um jogo de básculas eletrônicas asseguram a passagem do estado de audição passiva ao estado de vigília que a escuta exige. Colocado paralelamente a um ouvido incapaz de escutar, esse conjunto instrumental o conduz, o educa no sentido real do termo, a se comportar, por sua vez, dessa maneira dinâmica.

Mas se o ouvido obedece a esse jogo puramente mecanicista, ao menos em aparência, isto significa também (não podemos esquecer) que todo o sistema nervoso a ele ligado se encontra envolvido nesta mesma dinâmica. E já vimos quanto este aditivo neural era importante.

No entanto, obstáculos psicológicos podem entravar esse processo, sobretudo ao nível talâmico, sede de engramações emocionais. Também teremos a oportunidade de anular essa deficiência permitindo que a educação adotada siga paralelamente todo um processo ontogenético.

Com efeito, sabemos conduzir o ouvido por suas diferentes etapas auditivas: embrionária, depois fetal, passando da audição aquática à audição aérea (que chamamos "parto sônico"), à qual sucedem as diferentes fases da escuta dos primeiros meses, da infância, da adolescência e, enfim, do estado adulto.

Assim, de etapa em etapa, todo o curso existencial pode ser percorrido ao longo deste programa educativo psico-sensorial. A música é um dos elementos essenciais deste caminho.

Ela não é tudo, entretanto. É utilizada principalmente no desenrolar que permite passar da impregnação da voz materna em sons intrauterinos ao discurso paterno, que representa a semântica psicossocial.

A mãe dá a voz; o pai, a linguagem. Entre os dois existe um traço de união, que é justamente a música. Ela se inscreve no processo da pré-linguagem; codifica os cursos das ondas neurais sobre as quais a linguagem se assentará.

A música mozartiana — e já falamos bastante sobre isso — contribui de modo fundamental para essa elaboração pré-lingüística. Depois do parto sônico, ela acompanha alegremente outras formulações musicais que estão também em harmonia com os ritmos fisiológicos. Trata-se de fato de cantigas infantis e de certas modulações gregorianas. Depois, é a passagem para essa atitude característica do homem que escuta. Além disso, um apoio didático realizado por uma equipe de psicólogos e educadores permite ao sujeito se beneficiar ao máximo dos estímulos musicais que lhe são propostos.

Assim, hoje é possível pretender a utilização de uma certa música com o objetivo de harmonizar o ser através da função da escuta. As pesquisas efetuadas no mundo inteiro por especialistas na matéria — músicos e terapeutas — não podem de forma alguma negligenciar esse órgão essencial, primordial, que é o ouvido humano, aliado ao conjunto do sistema nervoso correspondente.

V Conclusão

Através destas páginas, esforçamo-nos em refletir sobre a atitude do homem em relação à música e os efeitos desta sobre o corpo humano em sua totalidade.

Todo o corpo, efetivamente, está envolvido quando se trata de perceber as seqüências musicais. E não devemos, em nenhum caso, negligenciar o papel preponderante exercido pelo complexo vestíbulo-coclear, que visa colocar em funcionamento, no plano neurovegetativo e psicofisiológico, um programa de alto nível. Este programa "do alto", como habitualmente o denominamos, é chamado a dirigir em seguida toda a dinâmica afetiva e motora do ser na sua procura de uma paz interior.

É portanto necessário avaliar, e corrigir, se preciso for, este diálogo vestíbulo-coclear que está na origem de toda ação psicossomática. Se o vestíbulo não exerce seu papel, os ritmos não são integrados corporalmente. Se a função coclear é deficiente, a discriminação total não ocorre.

O teste de escuta pode oferecer ao terapeuta ou ao professor de música indicações preciosas. Através da pedagogia da escuta, tal como a descrevemos anteriormente, uma colocação harmônica da função cócleo-vestibular pode permitir à música tornar-se um meio de ação de grande valor, tanto para o organismo dito "normal", mas estressado, quanto para o corpo e a alma já atingidos por uma patologia.

Nem todas as músicas servem a esse propósito, como já dissemos várias vezes. Se é verdade que é necessário atentar para que o programa "do alto" esteja no lugar, é também necessário cuidar para que o conteúdo musical seja de alta qualidade.

Não é fácil hoje sustentar que nem todo barulho é música. O tique-taque de um relógio, o som de uma buzina, as marteladas cansativas de um martelo pontiagudo têm valor estético para alguns compositores contemporâneos.

Mas a música é outra coisa. Ela responde à inspiração das "musas". Ela responde a uma fonte poética de criatividade através de um cérebro que ressoa em resposta às solicitações de um cosmo que fala a ele. Enganam-se aqueles de nós que pensam que este cérebro pode ser substituído por computadores. Se pensam que basta montar um computador como se fosse... para tocar uma música a ponto de se enganar como se fosse... estão errados.

Nós nos enganamos devido aos nossos julgamentos frágeis e intelectualizados, porque racionais e lógicos, críticos e "criticantes". A realidade é outra, apesar dos lógicos, da lógica humana baseada cada vez mais nos computadores.

É aí que o sapato aperta. A máquina, tão útil ao homem, tende, pela heresia de alguns, a querer substituí-lo. Não existem em todo o mundo instituições universitárias, governamentais, internacionais, destinadas à pesquisa do "cérebro artificial"? Que sombria e mesquinha presunção! Não seria melhor que utilizassem seu próprio cérebro para fins mais humanos e produtivos?

A verdade é o que a música é. A verdade é que não se pode comparar um autor a outro, a música de um mundo à de outro, de uma época à de outra. Influenciada por esta, a música age sobre a cultura que lhe dá forma e de onde ela deriva, ao mesmo tempo que a insere por um momento na estrutura de que ela própria se formou.

Não há nada de novo nessas afirmações. A música passa, muda, se renova, se modifica, se ultrapassa, depois se estende e se perde, para partir novamente para outras tentativas, depois de outras encubações, e com "constantes", entretanto.

De minha parte, lembro que, depois de décadas de procura, só conheço duas: Mozart e os cantos ditos religiosos ou sacros.

Não pude explicar aqui o porquê dessas duas músicas fundamentais, universais em suma. Mas creio poder responder resumidamente dizendo que, mais do que todas as outras músicas, elas desenvolveram sincronias complementares necessárias, indispensáveis, entre o vestíbulo e a cóclea. Elas respondem à sua forma dinâmica harmoniosa, sem prevalecimento de uma sobre a outra, mas assegurando, com certeza, o máximo de eficácia de ambas as principais partes constitutivas do ouvido.

O que significa que, utilizada com eficácia, a carga impulsional é transmitida ao cérebro, que atinge seus planos de criatividade com facilidade, ainda mais porque a própria atividade cerebral provoca, em seguida, um efeito dinamogênico incontestável.

O que significa também dizer que, graças ao estímulo recebido, o campo consciente é particularmente agudizado e os problemas existenciais se reduzem diante dos grandes problemas vitais.

O que significa enfim que, guardadas as proporções, chega-se, graças a este jogo permanente determinado pela dialética vestíbulo-cóclea, a estar em particular harmonia com o corpo, já que um diálogo se instaura entre os processos automáticos e conscientes, protopáticos e epicríticos.

A partir deste momento, em vez de existir, o sujeito que penetra em uma tal dinâmica começa a viver, começa a ser. Ele se vê tão liberado dos problemas da existência quanto Mozart quando mergulhava em sua música, e tão perto do Criador quanto um monge quando se entrega a um Kyrie.

Quanto às outras músicas, elas merecem ser estudadas mais profundamente do que até agora tivemos condições de fazer. Merecem ser estudadas sob um ponto de vista particular, o do componente que age nas relações vestíbulo-cóclea.

É possível conhecer qual a parte dominante, apreciar o valor dinamizante ou energizante de cada uma delas, ou, ao contrário, avaliar os efeitos depressores, liberadores em suma, de um ou outro destes componentes.

De qualquer forma, as desarmonias ou a não-harmonia das atividades cócleo-vestibulares podem causar uma desordem, que pode ir da simples melancolia até a fadiga insuperável, caracterizada por uma síndrome depressiva. Pode haver também uma excitação extrema, que terá uma contrapartida psicossomática certa em uma segunda fase. Isto seria o exagero de uma hiperatividade cortical, levando à epilepsia.

Vemos como o problema é vasto. O estudo precisa prosseguir. E esse estudo será facilitado se estiver apoiado na compreensão dos mecanismos neurofisiológicos que sustentarão o conjunto para a apreensão satisfatória dos fenômenos em causa.

A partir daí, poder-se-á criar uma verdadeira pedagogia da música, mas ela não poderá e nem terá razão de ser se não aperfeiçoarmos uma real pedagogia da escuta, isto é, uma pedagogia capaz de conduzir o homem à sua razão de ser.

Se Mozart escreveu para o homem, todo homem pode apreciálo e escutá-lo. Se os cantos religiosos foram criados através dos tempos, é porque os homens de todos os tempos puderam percebê-los, apreciá-los, escutá-los.

LESLIE BUNT

Pesquisa Realizada na Grã-Bretanha sobre Efeitos da Musicoterapia em Crianças Portadoras de Deficiência

Introdução

A relevância da musicoterapia para pessoas de qualquer idade, portadoras de deficiências e problemas, tem sido cada vez mais reconhecida. Há no momento, na Grã-Bretanha, três cursos de pósgraduação, a Sociedade Britânica de Musicoterapia e a Associação Profissional. Os terapeutas trabalham em hospitais que atendem pessoas portadoras de deficiência mental, doença mental e deficiência física; nas unidades de avaliação pré-escolar e nas escolas de educação especial; nos centros de atendimento diurno aos idosos; em creches; nos serviços de recuperação social e nos centros de atendimento aos surdos e cegos. Para os mais de cento e sessenta musicoterapeutas profissionais, as perspectivas têm sido abertas pela concessão de uma carreira e de uma estrutura de graduação dentro do Serviço Nacional de Saúde. Esse fato auxilia as negociações para o estabelecimento de novos empregos dentro e fora do Serviço de Saúde.

A despeito desse aparente progresso durante as décadas recentes, a profissão ainda está em estágio inicial de evolução. Um meio de indicar a pertinência da disciplina no presente clima econômico é desenvolver mais estratégias de pesquisa que focalizem diretamente a eficácia de qualquer intervenção específica. Qualquer profissão nova necessita de uma nítida base descritiva no seu início (ver Richer, 1979; Hinde, 1976). Será preciso levantar questões de primeiro plano, que vinculem a intervenção ao resultado. Ainda podemos nos preocupar com perguntas do tipo: a musicoterapia atinge o objetivo a que se propõe?

Antecedentes

Um retrospecto recente, feito no *British Journal of Music Therapy* confirma a hipótese de escassez em material de pesquisa descrito nessa publicação (Bunt, 1984). Utilizando procedimentos similares aos dois levantamentos do *Journal of Music Therapy* (Jellison, 1973 e Gilbert, 1979) decidiu-se que a seqüência de categorias seria: descritiva, filosófica, experimental e histórica. Essa seqüência era idêntica ao levantamento inicial de Jellison. A maior parte do material descritivo do *British Journal* se relacionava ao trabalho clínico — estudos de caso, descrições de técnicas e prática, etc. Espera-se que a prática eficaz preceda qualquer teoria e pesquisa. No retrospecto posterior feito por Gilbert, em 1979, observamos um aumento da quantidade de pesquisa registrada no *Journal of Music Therapy*. Presume-se que, com o desenvolvimento da profissão e a disponibilidade de mais material clínico, surjam mais pesquisas, e que estas sejam registradas por escrito.

Os textos mais importantes relativos a diferentes cursos de formação (Alvin, 1975, 1978; Nordoff e Robbins, 1971, 1975 e 1977) são também, quase todos, filosoficamente especulativos, com grande utilização de estudos de caso descritivos e narrativos. Uma força fundamental permeia todo esse trabalho pioneiro inicial: a ênfase principal dada à música e à natureza interagente da relação entre a criança/adulto e o terapeuta. Um alto padrão de competência musical por parte do terapeuta é um critério importante de seleção em todos os cursos de formação.

O pesquisador de musicoterapia se defronta com uma tarefa desencorajadora, visto que há uma infinidade de abordagens na musicoterapia e muitas vinculações com modelos filosóficos e psicológicos existentes (Ruud, 1980). Além disso, há a vinculação principal com a especialização da psicologia da música, em particular com os desenvolvimentos recentes na psicologia cognitiva. Parece necessário reiterar a questão colocada por Even Ruud: que a musicoterapia pode, como um ponto de partida, reunir informações sobre os métodos de pesquisa existentes e bem verificados antes de formular sua própria metodologia disciplinar. Até esse ponto, torna-se compreensível que grande parte do material de pesquisa publicado dos Estados Unidos siga uma estrutura comportamental onde os efeitos podem ser claramente observáveis. Quando se tentou, no entanto, situar a musicoterapia nos limites de uma ''ciência do comportamento'', houve uma tendência a se utilizar muita música gravada e projetos altamente controlados, que examinam os efeitos da música em aspectos mínimos do comportamento. Parece estar havendo uma falta de atenção à natureza interagente do comportamento musical, conforme exemplificado em grande parte da musicoterapia na Grã-Bretanha. Será interessante que se aprenda com as novas perspectivas de pesquisa na Europa e com a pesquisa patrocinada pela Associação Americana de Musicoterapia, onde parece estar havendo, por exemplo, uma ênfase crescente no uso da improvisação.

Um problema adicional parece permear a literatura, isto é, a utilização de terminologia musical para descrever mudanças que podem ser descritas de maneira mais clara em termos não-musicais. Há, também, grande mistura de termos. Esse fato causa confusão quando se tenta discutir o resultado da terapia, isto é, na descrição de alvos ou objetivos e dos processos musicais detalhados pelos quais esses resultados são alcançados. Trata-se de uma questão complexa, sem dúvida, com muitas sobreposições. Ambos os tipos de estratégias de pesquisa são obviamente necessários. Os musicoterapeutas precisam estar aptos a relatar a eficácia de suas intervenções numa linguagem acessível a outros profissionais, e precisam também, dentro de sua própria disciplina, encontrar meios eficazes de relatar as mudanças sutis nos processos musicais. Este procedimento é dificultado por muitos dilemas musicais, em um nível básico de problemas de notação e no uso de música para descrever música. A natureza individual das respostas musicais em terapia apenas aumenta as dificuldades inerentes a esta linha de pesquisa.

Pesquisa recente na Grã-Bretanha

Essa seção abordará a pesquisa em musicoterapia e não mencionará a crescente literatura sobre a música na educação.

Em 1979, Elaine Streeter completou sua tese de mestrado sobre a interpretação de habilidades rítmicas, com particular referência à avaliação musicoterápica de crianças pré-escolares portadoras de deficiências (Streeter, 1979).

Em 1980, a City University, em Londres, estabeleceu a primeira Associação de Pesquisa em Musicoterapia em uma universidade britânica, sob os auspícios do Fundo Beneficente de Musicoterapia. Ocupei o posto de 1980 a 1983; Julienne Cartwright, de 1983 a 1985; e a mais recente ocupante do cargo é Sarah Hoskyns. A associação está tentando, em conjunto com o número crescente de estudantes de pós-graduação dedicados à pesquisa, fornecer uma nítida base descritiva e um amplo número de trabalhos. Dois trabalhos de mestrado estão sendo redigidos. Amelia Oldfield tem pesquisado os efeitos da musicoterapia em grupos de adultos portadores de deficiência mental, utilizando avaliações individualmente planejadas que podem ser, igualmente, aplicadas em outra fase de intervenção, por exemplo, em terapia ocupacional. Helen Odell tem comparado mudanças de comportamento na musicoterapia com a terapia rememorativa em grupos psicogeriátricos. Ambas as pesquisas usam nítidas avaliações não-musicais diretamente observáveis.

Julienne Cartwright prossegue em seu trabalho sobre os possíveis vínculos diagnósticos com as respostas musicais dos pacientes psiquiátricos recém-admitidos, durante as primeiras sessões musicoterápicas. Sarah Hoskyns está implantando um projeto com a finalidade de pesquisar a eficácia da musicoterapia em grupos de adultos recidivistas (criminosos reincidentes) e os processos musicais dentro dos grupos.

Pesquisa com a criança deficiente

Passei os últimos sete anos tentando avaliar o trabalho com crianças portadoras de uma grande quantidade de deficiências e problemas. Esse estudo acabou de ser apresentado à City University, em Londres, sendo a primeira tese de doutorado sobre musicoterapia na Grã-Bretanha. O estudo evoluiu através de várias etapas, e algumas das descobertas mais importantes serão discutidas a seguir.

A primeira etapa consistia numa pesquisa da intervenção realizada durante dois anos, em que se gravaram os efeitos da musicoterapia em um grande número de crianças atendidas, vindas de unidades e de escolas de educação especial localizadas em um bairro de Londres. Os resultados foram encorajadores, e as mudanças no comportamento eram notadas pelos colegas. Essas mudanças eram bem diferentes do comportamento de um pequeno grupo de controle de crianças, que não estavam incluídas na musicoterapia, mas que iam de encontro aos mesmos critérios de classificação. A avaliação era feita através de questionários, respondidos por professores de classe, outros terapeutas, etc. As áreas em que a musicoterapia parecia ter influência eram isoladas, por exemplo, desenvolvimento da motivação, vocalizações, concentração, controle de movimentos e confiança. Um questionário de atitude forneceu provas adicionais que comprovaram a aplicabilidade da musicoterapia nesses grupos de crianças. Embora nenhuma área de problemas tivesse se distinguido no tocante aos benefícios, verificou-se o valor da musicoterapia para os surdos e deficientes auditivos. O projeto destacou a necessidade de definições mais simples e mais nítidas e a necessidade de estudos controlados menores e mais cuidadosos. O que significa uma terminologia genérica como manutenção da concentração? De que modo tal objetivo pode ser dispensado e analisado de maneira mais específica? Tais mudanças ocorreriam independentes de qualquer intervenção? (Para mais detalhes, ver Bunt e Alberman, 1981.)

O projeto seguinte se propôs a responder a algumas questões básicas relativas ao comportamento observável dentro da musicoterapia. Avaliações de tempo e freqüência foram estabelecidas com o intuito de analisar mudanças e comparar os resultados com períodos sem musicoterapia. Essas comparações apresentavam diferenças significativas? A musicoterapia fazia algum efeito quando comparada a um período similar de desenvolvimento geral? Avaliações básicas dentro das sessões foram planejadas: fazer o instrumento soar (tocar); vocalizações e observação de comportamento — com o instrumento, com o adulto e daí por diante. Utilizava-se a filmagem em vídeo para registrar mudanças no comportamento com dois grupos semelhantes de crianças pré-escolares, tendo todas as crianças um período igual de musicoterapia e sem musicoterapia.

Extratos do início e do fim da filmagem de cada criança na musicoterapia foram misturados sem uma ordem estabelecida e apresentados a dois grupos de observadores. Os observadores conseguiram apontar com precisão o fim da filmagem em 80% do tempo. Era interessante que os observadores utilizavam termos não-deduzidos como critérios para seu julgamento; por exemplo, contato visual aumentado, mais vocalização, chegar-se mais às pessoas, tempo aumentado de contato com os instrumentos e interação social aumentada. Uma análise estatística das avaliações de tempo indicavam diferenças significativas entre o período de musicoterapia e sem musicoterapia, utilizando todos os instrumentos e quando cada um era comparado por vez (cinco instrumentos simples eram utilizados como uma série padrão). Ocorreu um acentuado aumento no tempo de tocar, na quantidade de vocalização, visando o fim do período de musicoterapia. O tambor e as maracas ocasionavam uma resposta bastante acentuada, sendo que a maioria das crianças tinha condições de tocar esses instrumentos. A natureza melódica e de sustentação da flauta doce e do xilofone focalizavam mais a atenção do adulto. Das cinco avaliações, as vocalizações evidenciavam as mudanças mais significativas, e podem ser observadas como uma área da contribuição mais importante da musicoterapia nesses grupos pré-escolares e na maioria das crianças portadoras de deficiências na fase pré-verbal.

Esse projeto ressaltou a necessidade de um período maior de intervenção caso se pretenda manter qualquer mudança — um período de doze semanas era muito curto. A musicoterapia, sem dúvida, produzia um efeito maior quando comparada com um período similar sem terapia. No entanto, a dúvida sobre se essas mudanças teriam ou não ocorrido com qualquer outra forma de atenção individual ainda permanece.

O terceiro projeto incluía um período maior de intervenção com crianças mais velhas, que freqüentavam uma escola de educação especial. Havia uma comparação adicional de cada criança numa sessão de recreação com a professora de sala. Os grupos foram formados ao acaso. As avaliações anteriores de tempo foram utilizadas novamente na musicoterapia e nas sessões de recreação, e registradas em vídeo em diversas etapas do projeto. Como não havia avaliações não-musicais, era possível utilizá-las em ambos os contextos. Em acréscimo, projetou-se uma escala de avaliação qualitativa a fim de complementar a avaliação quantitativa. A escala detalhava mudanças nos níveis organizacionais do ato de tocar e vocalizar e se estendia a outras áreas, como: tocar imitando, iniciativa, manter a atividade, atividade relativa à criança/objeto/adulto, revezamento, e se o adulto apoiava ou dirigia a atividade. Assim como ocorreu com as avaliações de tempo, estabeleceu-se um elevado nível de confiabilidade entre os observadores (acima de 80%) antes que as avaliações e as definições fossem aceitas.

Uma série complexa de testes estatísticos (realizados com o auxílio de um computador) comparou os resultados entre os dois grupos (com e sem musicoterapia), o tempo, e entre a recreação e a musicoterapia. Descobriu-se que os grupos eram homogêneos. O resultado mais interessante relativo ao tempo foi que o tempo total e a duração média da vocalização era muito diferente entre o período de musicoterapia, de recreação e sem musicoterapia. Esse fato reproduzia exatamente a descoberta anterior. Todas as outras avaliações revelaram tendências semelhantes às do projeto anterior, isto é, mudanças mais acentuadas no final do atendimento de musicoterapia. Com esse projeto, houve indícios de que essas mudanças se mantinham sem a musicoterapia. Havia também indícios da generalização de mudanças na musicoterapia em comparação com a recreação, mas esse dado necessitava de avaliação adicional. Diante dos resultados da escala de avaliação, notou-se uma diferença bastante significativa entre a recreação e a musicoterapia no número de revezamento, com evidência maior de revezamentos após o atendimento de musicoterapia. Havia também um nível bastante elevado de aprovação adulta na musicoterapia, o que era bem diferente do comportamento adulto na recreação, onde prevalecia a direção adulta. Outras tendências incluíam os recursos musicoterápicos de reduzir as interrupções da atividade motora e aumentar a manutenção da atividade.

Os resultados provenientes desse projeto começam a responder às críticas de que a musicoterapia não difere de outras formas de atendimento individual. O projeto assinala as contribuições específicas de um período de intervenção musicoterápica e os aspectos que ela tem em comum com outra forma de interação, conforme se observou nas sessões de recreação. O projeto também assinala os aspectos de interação e de desenvolvimento da abordagem adotada por esse musicoterapeuta. Nele, a musicoterapia é colocada claramente ao longo das evoluções na psicologia da criança, isto é, pesquisa de comportamento imitativo, sistemas de comunicação não-verbal, observação de comportamento, desenvolvimento da responsabilidade conjunta para atuação em revezamento, atividade vocal e diálogo (Schaffer, 1977; Bullowa, 1979; Argyle, 1972; Richards, 1974; Hinde, 1972; Kaye, 1982 e Stern, 1977).

A evolução da pesquisa adicional
A partir dessa breve discussão sobre as recentes pesquisas, torna-se evidente que apenas começamos a tratar do assunto de maneira superficial. Nas observações que estabelecem comparações entre grupos de crianças e de adultos, percebe-se a falta de detalhes importantes relativos à amplitude de mudanças individuais no comportamento (no meu estudo, houve espaço apenas para um estudo de caso individual de um trabalho que levou quase dois anos para ser incluído, com alguma filmagem em anexo, num apêndice). Os objetivos individuais podem ser vinculados ao resultado? Pode-se efetuar tentativas de avaliar generalizações dos efeitos fora da musicoterapia? Na busca de avaliações não-inferenciais, aplicáveis a diferentes condições (como, por exemplo, recreação e musicoterapia) e que possa abranger todas elas, perdem-se muitos detalhes de interesse potencial para o musicoterapeuta.

Medidas estão sendo tomadas para corrigir essa situação. A Professional Association institui um grupo de pesquisa para testar e descobrir novos métodos de avaliação musicoterápica. Esse grupo assumiu uma postura mais musical e mais orientada para um processo do que o trabalho acima detalhado. Compreender os processos pelos quais qualquer mudança ocorre será de imenso valor ao desenvolvimento da profissão e à formação de estudantes no exame de várias técnicas e procedimentos. O trabalho no Centro de Musicoterapia de Bristol continuará a desenvolver procedimentos de pesquisa. Um projeto recente de Bristol está estudando a aplicabilidade da musicoterapia com esquizofrênicos, e para o início de 1986 está sendo planejado um congresso com o intuito de reunir musicoterapeutas que trabalhem na área de psiquiatria adulta. Há planos de trabalho com doenças neurológicas, como a doença de Parkinson, e, nesse caso, precisaremos nos vincular a neurologistas e a outras disciplinas.

Uma área evidente, em que alguns vínculos já foram estabelecidos e onde eles se fazem mais necessários, é a dos psicólogos da música. O estudo de processos musicais detalhados — desenvolvimento rítmico, habilidades temporais, processos melódicos e harmônicos, os efeitos de timbre e intensidade, etc. — poderia ser enriquecido através de um produtivo intercâmbio de idéias. Nessa circunstância, o musicoterapeuta se beneficiaria do acesso que o psicólogo da música tem ao trabalho experimental, enquanto o psicólogo se beneficiaria da valiosa fonte de variado material clínico disponível ao musicoterapeuta. Uma série de seminários e um congresso na City University (1980-1983) começaram a explorar esses vínculos. Providências estão sendo tomadas no sentido de reiniciar esses seminários.

Vínculos adicionais poderiam ser estabelecidos com etologistas no planejamento de métodos clínicos de observação. Com a ênfase crescente em cuidados com a comunidade, seria interessante observar se diferentes abordagens centradas no paciente podem ser exploradas, como, por exemplo, a responsabilidade conjunta do terapeuta e do paciente no estabelecimento de alvos e objetivos (segundo Kelly, 1955, e ver Davis, 1984). O musicoterapeuta assume com freqüência o papel duplo de terapeuta e pesquisador. Seria produtivo que os pesquisadores de musicoterapia investigassem o trabalho de outros terapeutas, reduzindo, portanto, o problema de estarem mergulhados no próprio processo de trabalho.

RESUMO

A pesquisa musicoterápica na Grã-Bretanha tem se dirigido até o presente momento ao que poderia ser descrito como questões de primeiro plano. Uma série de projetos, especialmente na City University, tem focalizado questões que vinculam a intervenção musicoterápica ao resultado. As avaliações não-musicais têm sido planejadas, em sua grande maioria, com o intuito de possibilitar que os resultados sejam assimilados por colegas fora da profissão. Há uma evidência crescente da eficácia da musicoterapia aplicada a uma ampla série de grupos de pacientes, como, por exemplo, crianças portadoras de deficiência, adultos portadores de grave deficiência e pacientes psicogeriátricos. Há nítidos fundamentos descritivos ao trabalho que não se apóiam muito na descrição narrativa. A despeito desses desenvolvimentos, há uma grande necessidade de pesquisa, caso a musicoterapia pretenda desenvolver sua própria metodologia e pontos de referência. Será preciso desenvolver muito mais pesquisas sobre os resultados e mais questões de segundo plano que comecem a focalizar as sutilezas dos meios quase indefiníveis da música na terapia.

Bibliografia

Alvin, J. (1975): *Music therapy*. Hutchison.

Alvin, J. (1978): *Music therapy for the autistic child*. Oxford University Press.

Argyle, M. (1972): *The psychology of interpersonal behaviour*. Penguin Books.

Bullowa, M. (1979): *Before speech*. Cambridge University Press.

Bunt, L. (1984): "Research in music therapy in Great Britain: outcome research with handicapped children". *British Journal of Music Therapy 15* (3):2-8.

Bunt, L. e Alberman, D. (1981): "The role of music therapy with handicapped children in a London district — a pilot study". *British Journal of Music Therapy 12* (2):2-10.

Davis, H. (1984): "Person construct therapy: a possible framework for use". *Mental Handicap 12*:80-81.

Gilbert, J. P. (1979): "Published research in music therapy, 1973-1978: content, focus and implications for future research". *Journal of Music Therapy 16* (3). 102-110.

Hinde, R. A. (1972): *Non-verbal communication*. Cambridge University Press.

Hinde, R. A. (1976): "On describing relationships". *Journal of Child Psychology and Psychiatry 17*:1-19.

Jellison, J. A. (1973): "The frequency and general mode of inquiry of research in music therapy, 1952-1972". *Council for Research in Music Education Bulletin, 35*:1-8.

Kaye, K. (1982): *The mental and social life of babies*. The Harvester Press.

Kelly, G. (1955): *The psychology of personal constructs*. Nova York, Norton.

Nordoff, P. e Robbins, C. (1971): *Therapy in music for handicapped children*. Londres, Victor Gollancz.

Nordoff, P. e Robbins, C. (1975): *Music therapy in special education*. Londres, MacDonald and Evans.

Nordoff, P. e Robbins, C. (1977): *Creative music therapy*. Nova York, John Day.

Richards, M. P. M. (1974): *The integration of a child into a special world*. Cambridge University Press.

Richer, J. (1979): Human ethology and mental handicap. *In Psychiatric illness and mental handicap*, coordenado por F. E. James e R. P. Snaith, Gaskell.

Ruud, E. (1990): *Caminhos da musicoterapia* (São Paulo, Summus Editorial).

Schaffer, H. R. (1977): *Studies in mother-infant interaction*. Londres, Academic Press.

Stern, D. (1977): *The first relationship/ infant and mother*, Londres, Fontana/Open Books.

Streeter, E. (1979): "A theoretical background to the interpretation of rhythmic skills, with particular reference to the use of music therapy as an aid to the clinical assessment of pre-schooll handicapped children". Tese de Doutorado, Universidade de Nova York, Departamento de Música.

BERTIL SUNDIN

A Importância da Música e de Atividades Estéticas no Desenvolvimento Geral da Criança

Hoje em dia, quase ninguém pode negar a importância de experiências estéticas na educação e no desenvolvimento geral da criança. Quando se faz cortes nos orçamentos de diferentes tipos de programas ligados à arte, o motivo nunca é o fato de eles serem desnecessários. O corte, pelo contrário, geralmente se faz acompanhar por elogios ao valor da atividade estética em questão. Essa valorização, no entanto, não é considerada indispensável, uma vez que outras atividades são prioritárias. Qualquer argumento em prol da arte deve mostrar, de algum modo, que as experiências estéticas são realmente indispensáveis ao desenvolvimento geral e que algo essencial se perde caso elas não sejam ministradas pelo sistema educacional.

A maioria dos argumentos em prol da arte não têm revelado essa qualidade convincente. Uma linha afirma que as crianças conseguem melhores resultados em outras atividades escolares quando aprendem a desenhar, cantar, dançar, escrever poesia, etc. Argumenta-se que a música é uma atividade agradável e que desenvolve motivação para outras atividades. Além dessa mudança na atitude, uma atividade como a música pode também desenvolver a capacidade motora e perceptiva e transferir habilidades para outras áreas.

Existe um suporte empírico para essas afirmações (ver Wolff, 1978). Está provado que o treinamento musical favorece o desenvolvimento cognitivo, a atenção, a memória, a agilidade motora e capacidades similares. Os resultados são menos definidos no caso de desenvolvimento social e emocional, mas muito se tem dito a favor da música e de outras atividades estéticas como um meio de melhorar a socialização na sala de aula ou mesmo na escola como um todo.

O problema com esses argumentos, no entanto, é que os benefícios não são, de modo algum, exclusivos da música ou de outras formas artísticas. Acredita-se que programas de educação física ou qualquer outra atividade escolar apresentam os mesmos efeitos.

Se os programas de música também melhorarem outras habilidades e padrões sociais na escola (prevenção de vandalismo, etc.), trata-se, sem dúvida, de algo positivo, mas se esses objetivos puderem ser alcançados através de outros meios, acredita-se que a essência do programa tenha mais a ver com a qualidade de relacionamentos interpessoais do que com a música em si.

O mais importante é que se prevalecer esse tipo de argumento, a arte ficará reduzida a um mecanismo educacional auxiliar, cujo valor é determinado primordialmente pela sua utilização em outras atividades.

A música e outras atividades estéticas precisam se constituir em motivação suficiente para o seu próprio bem. Cabe a nós, usando as palavras de Harry S. Broudy: "Mostrar que a experiência estética é básica à vida e à mente educada, e que apenas a escola pode proporcionar a entrada dessas habilidades nesse domínio, assim como em outros" (1978, 9).

A experiência estética é básica porque é uma forma primitiva de experiência, da qual dependem toda a cognição, o discernimento e as ações. "É o poder fundamental e nítido de construção da imagem pela imaginação. Ela propicia a matéria-prima de conceitos e ideais capaz de criar um mundo de possibilidade".

Broudy continua: "Representar nossas sensações — correr do perigo, golpear o inimigo, tomar o medicamento — não as esclarece; a ciência nos diz *por que* as temos, mas não o que significam — apenas a imagem fornecida pela arte pode fazer isso".

Alguns teóricos dão um passo à frente e enfatizam os aspectos éticos acima mencionados. Jan Thomeaus, influenciado por Herbert Read, afirma que a atividade estética em si não é o fato mais importante, e sim a qualidade que está além e à frente dela: "além da sinceridade, qualidades como vitalidade e coragem. Trata-se de uma tarefa difícil, da qual precisamos nos ocupar todo o tempo, de algum modo e de alguma forma. Precisamos praticar, não assumir uma atitude rígida, não desistir, não nos tornarmos artistas, mas seres humanos" (1980, 14).

Com crianças, esse processo pode ser observado tanto no contexto formal quanto no informal. As crianças cantam, fazem rimas, brincam com sons, dançam, desenham e, ao mesmo tempo, orientam-se no seu espaço vital, descobrem conexões, desenvolvem sua imaginação, dando-lhe forma expressiva. A área estética parece abrir passagem a diferentes conceitos simbólicos, a sentimentos e a possibilidades de efeito único.

As atividades estéticas podem também ser fundamentais no trabalho com conflitos e problemas emocionais, fato demonstrado nos textos deste livro. No dia-a-dia (representação de papéis, cantos, desenhos), elas também alcançam uma função compensatória ou terapêutica. Podem também atuar como um canal de comunicação especial, conforme JonRoar Bjørkvold demonstrou. Em sua pesquisa, com a ajuda do canto e do movimento, crianças do nível préescolar comunicaram sentimentos e informações a outras crianças, utilizando nos seus cantos fórmulas que continham um significado especial. Esse fato faz com que Bjørkvold fale de um código lingüístico comum pelo qual "o canto das crianças adquire uma função de fixação da identidade. Através do canto, as crianças podem sentir que estão junto de outras pessoas, na medida que utilizam uma linguagem musical em comum" (1979, 46, 1980).

Essa afirmação questiona os conceitos musicais comuns existentes nos países ocidentais.

O conceito de música

O conceito predominante de música em nossa cultura centraliza-se em objetos e práticas da tradição musical inserida na arte ocidental: "em sons perpetuados através de notação musical e gravações; valores metafísicos fixados e presentes num conjunto de obras; técnicas de desempenho sistematizadas; peças analisadas com metáforas, formas e fórmulas acadêmicas. E são precisamente essas concepções que desafiam a execução musical em todas as épocas e todos os lugares", para citar o musicólogo canadense David J. Elliot, em um estimulante trabalho apresentado no ISME World Conference 1984 (1985), onde ele critica a filosofia dominante e o pensamento educacional acerca da música nos países ocidentais. Ele tenta, no trabalho, formular uma filosofia global de educação musical e afirma que ela poderia se beneficiar de uma concepção da música como um comportamento, não no sentido restrito, mas como uma tendência humana universal enraizada em aspectos da natureza e da atuação intrínseca da humanidade.

Tentativas similares de redefinição do conceito de música têm aparecido, recentemente, de várias direções. A psicóloga americana Mary Louise Serafine discute o conceito de *estilo musical*. A música ocidental, com seu sistema de conhecimento compartilhado e princípios orientadores, representa um exemplo de estilo num sentido amplo. Esse estilo (ou linguagem) tem sido admitido, em geral, como uma proposição universal humana e, para evitar essa confusão, Serafine distingue entre estilo e processos *genéricos músico-cognitivos*, que têm suas raízes na experiência construtiva do sujeito, e não na experiência receptiva. A música é mais apropriadamente descrita, nesse sentido universal, "como uma atividade cognitiva que utiliza sons e experiências temporais" (1983, 165). Alturas, escalas e acordes fixos podem ser criações analíticas poderosas, mas não são os elementos da música. São observações eruditas e históricas relativas à música, analogias, imagens e conceitos criados para facilitar a compreensão e o ensinamento musical.

Para o filósofo inglês de estética Roger Scruton (1983), a música também é, essencialmente, uma *maneira* de ouvir o som. Não existe música no sentido material — ela é criada pela utilização cultural e pessoal dos sons, que os reveste de diferentes qualidades, associações e propósitos imaginados.

Esses conceitos tentam explicar tendências comuns subjacentes a todas as experiências musicais humanas e não são apenas válidos para a música ocidental. Eles não tentam, contudo, *explicar* o fato da universalidade musical. Mesmo Bjørkvold, nas suas pesquisas, parece ouvir o canto das crianças como expressão de uma característica universal da cultura infantil. Dessa maneira, ele aborda a questão da origem e evolução dessa tendência humana em revestir os sons de significado musical. Outros passos nessa direção foram dados por uma vívida atividade de pesquisa realizada nos anos recentes, que focaliza o processo de separação-individualização durante os três primeiros anos da criança, tanto na teoria bioevolucionária (Dissanayake, 1982), quanto na teoria cognitiva (Gardner, 1973) e na teoria psicanalítica (Winnicot, 1953, 1971; Kaplan, 1978; Spitz, 1982 e Rose, 1980). A hipótese comum é que as experiências da criança pequena "podem ser chamadas de protótipos estéticos universais e humanos, sobre os quais a posterior expectativa cultural e, portanto, a bagagem comportamental podem ser enriquecidas" (Dissanayake, 1982, 151).

Eu me concentrarei, a seguir, no pensamento psicanalítico nessa área, descrevendo em primeiro lugar a linha principal de pensamento na escola de relações objetais da psicanálise, e tentando então analisar as dificuldades da psicanálise clássica em lidar com a arte, tomando como exemplo o conceito de regressão.

Os termos "clássica" e "relações objetais" denotam a distinção entre teorias que admitem que a criança adquire a capacidade de se relacionar com outras pessoas em alguns estágios do seu desenvolvimento psicossexual (teoria dos instintos, teoria clássica) e as teorias que admitem que a criança nasce relacionada com um objeto (na direção do qual a ação e o desejo se encaminham, nesse caso a mãe). A visão clássica admite que o valor dos objetos se situa na sua capacidade de proporcionar prazer instintivo; a visão de relações objetais, que o valor do prazer se situa na sua capacidade de enriquecer relacionamentos (Rycroft, 1972).

O protótipo estético

O nascimento biológico de uma criança é um evento observável, bem definido e fascinante. O nascimento psicológico, ao contrário, é um lento caminho progressivo que ocorre dentro da criança. Margaret S. Mahler (Mahler, Pine e Bergman, 1975) introduziu o conceito de separação-individualização para descrever esse processo, onde a separação e a individualização são vistas como dois conceitos suplementares, em que a separação significa a liberação da criança da "fusão" com a mãe, e a individualização representa as conquistas que demonstram características individuais da criança.

Ao nascer, o bebê depende inteiramente da figura materna. Nos seis primeiros meses, ele vive a ilusão de que ele e a mãe constituem um sistema indiferenciado, uma unidade dual que tem um limite comum. O interior e o exterior se diferenciam apenas gradativamente. Mahler utiliza o termo "simbiose" para descrever essa coexistência íntima entre mãe e criança, um estado de fusão (como simbiose, um termo não muito apropriado), "um estado prazeroso que depende da adaptação ativa, quase completa, da mãe às necessidades de seu bebê, o que cria na criança uma ilusão de onipotência mágica" (Spitz, 1982, 61).

D. W. Winnicott (1953) descreve a situação em outras palavras: o seio da mãe se desenvolve na mente do bebê (por amor ou necessidade) como um *fenômeno subjetivo*. A mãe, adaptando-se às necessidades de seu bebê, oferece o seio real no momento em que a criança está pronta para criá-lo. Desse modo, ela propicia ao bebê uma oportunidade de criar a ilusão de uma realidade externa que corresponde à sua própria capacidade de criar, em que ele pode vivenciar e confiar na sua própria criação da realidade.

Durante a etapa de separação-individualização — dos seis meses a um ano —, a nova tarefa da mãe é a desilusão gradativa da criança, o que ela faz reduzindo sua ativa adaptação às necessidades do bebê. Essa situação, somada às habilidades perceptivas e motoras do bebê, capacita-o a se expandir para além da simbiose. Ele, nesse momento, tem que abrir mão de suas ilusões de unidade, fusão e onipotência (todos conceitos fundamentais na experiência estética!). Seu crescimento e a sensação de desenvolvimento do eu pressupõem uma perda da unidade anterior. Esse processo, em contraste com o afastamento físico, nunca é consumado em sua plenitude, permanecendo por toda a vida como uma saudade do paraíso perdido.

Para poder atuar no mundo externo, o bebê precisa vivenciar a perda, e é contra essa perda que ele tenta criar a ilusão de conservar a qualidade anterior no relacionamento com a mãe. Ele realiza isso criando a área transicional, que não faz parte do sujeito-criança ou do objeto-mãe, mas representa o vínculo com a mãe, geralmente na forma de um objeto transicional (por exemplo, um ursinho, um brinquedo macio, cantigas). De acordo com Winnicott, a partir desse espaço potencial entre o indivíduo e o seu ambiente é que ele posteriormente herda a capacidade de revestir de significado objetos e eventos culturais.

Em outras palavras, o desenvolvimento do sentido do eu e do tempo e do espaço biológicos, o exercício do sentimento e do símbolo começa com a separação da unicidade com a mãe. Conforme Elliot, Kaplan e Rose (no trabalho citado) assinalam, com essa fenda surge uma ambigüidade humana prototípica: a necessidade de unicidade (unidade, solidariedade, segurança) e separação (desligamento, individualidade, independência).

Em seu trabalho acima mencionado, Elliot conclui que, "como os estímulos ambientais vivenciados por bebês de culturas opostas são infinitos em sua variedade, não é de surpreender que as qualidades pessoais e os ouvintes, executantes e compositores que mais tarde são lançados aos sons apresentem diversidades e divergências que estão além da compreensão. Na raiz de todas as variações da percepção musical, da emoção e da produção musical, no entanto, situa-se a experiência universal de unicidade-separação, e a ambigüidade concomitante (1985). Nesse caso, a música preenche um papel enraizado em nossa natureza humana universal, o que explica a particularidade comovente, tocante e estimulante da experiência musical.

Spitz finaliza sua contribuição psicanalítica à compreensão da experiência estética assinalando que o objeto transicional, como sua contraparte na experiência estética madura, supera a dualidade e a tensão entre interno e externo. Ela afirma que a superação da dualidade sujeito-objeto em momentos estéticos pode derivar da simbiose do bebê e de nossa capacidade de desenvolver, criar e catexizar um objeto transicional.

Muito embora o objeto transicional possa ser o protótipo de todas as obras artísticas, ele não pode conduzir diretamente à execução das obras, conforme assinala a terapeuta da arte Edith Kramer. O significado simbólico do objeto transicional permanece particular para o bebê, enquanto a arte é a execução intencional de símbolos, e é idealizada para ser compreendida pelos outros.

"A maior liberdade da execução simbólica deve intervir no sentido de levar a criança para dentro de um mundo mais amplo, onde ela possa exercer o significado atribuível a uma variedade de coisas. Uma vez desenvolvida a capacidade de investimento simbólico (e esse fato coincide com o início da fase fálica), a criança está pronta para criar inúmeros objetos que conduzirão o permanente e intenso significado inicialmente restrito a um objeto transicional" (Kramer, 1979, 68).

Psicanálise e arte

A psicanálise teve início com o patológico. Em seus estudos dos processos neuróticos, as generalizações em direção à normalidade desenvolveram um caráter algo abstrato, sem traços neuróticos. Quando Freud tentou explicar a arte, ele enfatizou a semelhança entre o processo neurótico e o criativo, entre o chiste, o sonho, o sintoma físico e o objeto artístico (Freud, 1905, 1908). A imaginação emerge quando do a criança tem que renunciar ao princípio do prazer. Fantasia, imaginação, desempenho e arte surgem como uma conseqüência da insatisfação e propiciam uma maneira de suportar a realidade. O conteúdo de obras de arte visual e dos romances pode freqüentemente ser interpretado como fantasias edipianas encobertas.

Nessa visão, a *forma* se torna uma defesa, uma coberta socialmente aceitável de um *conteúdo* oculto. Impulsos perigosos podem ser neutralizados, disfarçados e, desse modo, gratificados através de formas agradáveis.

Freud tentou alcançar uma compreensão mais profunda da criatividade, do impulso de criar e das motivações inconscientes dos artistas. Seu interesse foi direcionado ao conteúdo. Por meio dessa intensa distinção entre forma e conteúdo, tornou-se difícil a interpretação da música, que, às vezes, é descrita como forma pura: o conteúdo é a forma. Freud era ambivalente em relação à música — ele não sabia realmente como lidar com ela em seu esquema:

"... obras de arte realmente exercem um poderoso efeito em mim, especialmente da literatura e escultura e, com menos freqüência, da pintura. Esse fato tem ocasionado, quando contemplo tais obras, que eu passe muito tempo diante delas tentando compreendê-las ao meu modo, isto é, explicando a mim mesmo a que se deve o seu efeito. Sempre que me é impossível fazê-lo, como por exemplo com a música, sinto-me quase incapaz de ter qualquer tipo de prazer. Algum estado mental irracional ou talvez analítico me rebela contra o fato de eu ser mobilizado por algo sem saber por que estou sendo assim afetado e o que é que me afeta" (Freud, 1955, 211. Texto original publicado em 1914).

As preferências pessoais de Freud e o desenvolvimento histórico da psicanálise abriram caminho para posteriores abordagens da estética. O conteúdo tem sido considerado universal e intimamente relacionado aos impulsos do id. A busca da motivação inconsciente ainda prende a atenção da maior parte dos pesquisadores psicanalíticos. Esse fato colocou obstáculos ao desenvolvimento da psicanálise e a isolou de grande parte do pensamento contemporâneo, afirma Gilbert J. Rose em seu livro *The power of form* (1980, 8), no qual ele desenvolve visões correntes do processo criativo, em que o conteúdo (o *o quê*) é em maior extensão proporcionado pela forma (o *como*) do que acondicionado nela. Uma breve descrição dos processos primário e secundário de pensamento torna-se necessária a fim de se ter condições de afirmar algo sobre o assunto.

De acordo com Freud, o *pensamento do processo primário* é dirigido pelo princípio do prazer, é ilógico, mágico como nos sonhos e fantasias, e busca liberação imediata. Ele apresenta condensação e deslocamentos, isto é, as imagens tendem a se fundir e podem imediatamente substituir e simbolizar umas às outras.

O *pensamento do processo secundário* é o oposto; obedece às leis de gramática e da lógica formal e é dirigido pelo princípio de realidade, que significa que o desprazer das tensões instintivas não é reduzido pela satisfação do desejo, mas pelo comportamento adaptativo: é susceptível à liberação tardia e à reflexão.

Freud acreditava que os processos primários, em termos ontogenéticos, são anteriores aos processos secundários, e os considerava como inerentemente inadaptados, sendo todo o desenvolvimento do ego uma conseqüência de sua repressão (Rycroft, 1968, 124).

Uma crítica dessa divisão quase absoluta entre o id e o ego, entre os processos primário e secundário, já foi expressada num trabalho-modelo de gestalt-terapia, em que Perls, Goodman e Hefferline (1951) afirmam que esses processos devem ser considerados estruturas alternativas e interagentes no *self*.

A psicologia contemporânea do ego e a teoria das relações objetais se assemelham num ponto de vista: acreditam que tanto o id quanto o ego, o inconsciente e o consciente, desenvolveram-se de uma matriz indiferenciada, e não que o ego surgiu do id. Não é mais concebível vincular o id apenas ao conteúdo e o ego apenas à forma. Eles interagem continuamente, especialmente nas atividades criativas. As modalidades organizacionais do id são diferentes das do ego, mas não são confusas e amorfas. Mesmo o processo primário apresenta uma forma (o *como*) e não apenas um conteúdo (o *o quê*).

Essas novas conceituações, a noção de id e ego decorrentes de uma matriz indiferenciada e o inter-relacionamento dos processos primário e secundário fornecem, segundo Rose, uma base teórica de inter-relação entre forma e conteúdo e uma ponte entre a atitude estética, centrada numa intensa conscientização perceptiva, e a atitude psicanalítica, que enfatiza a motivação. Na experiência estética, nossos pensamentos lógicos e impulsos emocionais, duas maneiras opostas de percebermos tempo e espaço (fundidas, constantes *versus* separadas, diferenciadas) se reconciliam. Trata-se de outro modo de afirmar que o significado da forma estética está enraizado em nossa natureza biológica.

Rose assinala, também, que essa nova reflexão a respeito dos processos primário e secundário de pensamento parece se ajustar aos conhecimentos recentes sobre dominância cerebral. Cada hemisfério é especializado, tem um sistema cognitivo diferente. Ambos entendem a linguagem, mas o hemisfério dominante afigura-se como o local essencialmente da fala e da lógica formal, enquanto o não-dominante utiliza essencialmente modos de representação não-verbais e holísticos:

> "Entre as muitas implicações interessantes dessas descobertas, elas fornecem uma base estrutural, neurofisiológica, para nossa insistência na integração dos elementos dos processos primário e secundário num processo transicional em curso na criatividade do dia-a-dia" (Rose, 1980, 126).

Em seu livro já mencionado, Perls, Hefferline e Goodman citam as divertidas referências inconsistentes, na literatura psicanalítica, a artistas e crianças. Por um lado, esses grupos são invariavelmente destacados como espontâneos, e a espontaneidade é reconhecida como fundamental para a saúde. Por outro lado, os artistas são considerados excepcionalmente neuróticos, e as crianças, infantis (1951, 245).

Acho que essa inconsistência pode ser compreendida caso o movimento psicanalítico seja visto como parte de uma cultura burguesa que alcançou seu ápice por volta da virada do século e ainda representa em grande medida a cultura do sistema. Analisando o fato, os antropólogos sociais utilizaram conceitos impregnados de emoção e seus opostos a fim de demonstrar suas características. Cultura refinada e ordem foram valorizadas, enquanto o estado natural e o caos, suas imagens opostas, foram colocadas no fim de uma hierarquia de valores. Que esses opostos pudessem ser complementares em vez de hierárquicos simplesmente não se ajustaria à maneira de pensar predominante (Frykman e Löfgren, 1979; Ehn e Löfgren, 1982).

A psicanálise, recém-descoberta, ainda fazia parte desse sistema de valores. Implicitamente, o ego é bom, o id é ruim, os processos secundários são melhores que os primários, as crianças e os artistas são criaturas suspeitas.

Na tentativa de anular essa inconsistência, os psicanalistas tentaram diferentes esquemas para explicar os processos criativos; Kubie enfatizou o pré-consciente (o estágio entre os processos consciente e inconsciente) e afirmou que a pessoa criativa retém sua capacidade de utilizar suas funções pré-conscientes de maneira mais livre que outras. O inconsciente distorce o processo criativo, ele "é nossa camisa-de-força, que nos torna tão estereotipados, estéreis e repetitivos quanto a neurose" (1957, 143).

Ernst Kris propôs o termo *regressão a serviço do ego* para descrever o momento criativo (1952). Esse termo tem sido aceito de um modo geral, mas sua escolha é questionável. Consideremos, em primeiro lugar, o conceito em si.

O conceito de regressão

No pensamento psicanalítico, a regressão significa uma reversão a uma etapa anterior de desenvolvimento, freqüentemente a um determinado ponto de fixação. Trata-se de um processo defensivo através do qual o sujeito tenta evitar a ansiedade. As funções mais desenvolvidas são também as mais vulneráveis. Elas costumam ser abandonadas quando há tensão, e o indivíduo passa a utilizar modalidades antigas de organização.

No comportamento diário, a regressão pode se manifestar no retorno ao ato de chupar dedo, bebida em excesso, dependência de drogas, psicose. No tratamento psicanalítico, ela é necessária a fim de se proporcionar ao paciente uma oportunidade de vivenciar de novo modelos neuróticos anteriores e aprender a lidar com eles de uma maneira mais construtiva. Técnicas regressivas são utilizadas em musicoterapia e em outras terapias expressivas com o mesmo objetivo.

Freud mencionou também uma maneira voluntária, temporária e controlada de voltar a um ajustamento anterior, exemplificada com o sono. *Regressão a serviço do ego* tem esse caráter temporário, parcial e controlado, em que o ego continua a funcionar num nível amadurecido. Edith Kramer considera os esforços criativos bem-sucedidos como:

> "caracterizados por um contato benigno com a mente primitiva que enriquece e energiza o ego. As repressões são estimuladas e modalidades antigas de funcionamento são ativadas. Conceitos e memórias pertencentes ao domínio do ego são brevemente sujeitas aos mecanismos do pensamento do processo primário" (1979, 101).

Ela menciona que o termo pode causar confusão, na medida que denota um estado complexo e contraditório:

> "... se tudo corre bem, a regressão a serviço do ego ocasiona novos esforços súbitos de amadurecimento. Se o ego, no entanto, não tiver condições de resistir às pressões decorrentes do id, pode ocorrer uma regressão no sentido patológico. Muito antes de ser descrito em termos psicanalíticos, sabia-se que o trabalho criativo acarretava tal risco" (*Op. cit.*, 102).

O risco existe, mas ainda questiono a utilização do conceito de regressão para descrever uma experiência estética — há alguma conotação do mal a serviço do bem. Rose também é crítico. Se a atividade ou a experiência conduzir a uma integração mais plena do eu, a uma visão mais ampla do mundo (ou novos esforços súbitos de amadurecimento!), seria mais acertado falar a respeito de um acesso criativo à experiência interna do que de uma regressão a serviço do ego. Nas palavras de Rose:

> "Cabe acentuar que o momento da experiência estética não é apenas um recuo ao passado, mas uma oscilação entre passado e presente, direcionada à função adaptativa do presente. E é precisamente a íntima experiência do passado sem regressão, o passado de textura sensível, flexivelmente conciliado com o presente, que dá àquele momento uma dimensão maior e um sentido de transitoriedade mais intenso, que distingue a experiência estética da meramente sentimental" (Rose, 1980,14).

No criar, recriar e apreciar música, talvez seja melhor não mencionar uma expressão de um impulso, mas uma tentativa de compreender o mundo, um processo transicional entre o eu e o mundo externo. Acho, quase sempre, que isso seria válido para a juventude que ouve *rock*, algo geralmente descrito como uma regressão a um estado arcaico, narcisista.

Rose afirma que a experiência estética não é apenas um recuo, mas uma oscilação entre passado e presente. Ele poderia ter acrescentado que duas ou mais estruturas de referência (ou processos de pensamento) estão disponíveis ao mesmo tempo. No ato bem-sucedido de criação, o criador tem todas as idades ao mesmo tempo. Arthur Koestler (1964) menciona o pensar bi-sociativo para descrever esse processo em que duas ou mais séries de regras são combinadas ao mesmo tempo. Esse pensar inclui o pensar não-verbal, em imagens, um processo de pensamento de livre fluxo que ocorre simultaneamente, assim como um processo intelectual mais crítico e articulado.

Em um artigo a respeito das funções psicológicas da música, Heinz Kohut (1957) afirma que a arte ajuda o indivíduo através da substituição de conflitos estruturais. Ele assinala, no entanto, que a substituição não é regressão.

A música, portanto, pode oferecer à psique alterada uma tênue regressão através de modalidades extra-verbais da função psíquica. "Ela contribui para o alívio de tensões primitivas, pré-verbais, que encontraram pouca representação psicológica, e pode estabelecer a manutenção da catexia objetal arcaica em virtude de sua relação com uma forma arcaica, emocional, de comunicação" (*Op. cit.*, 407).

Em outras palavras, a música não é necessariamente regressiva, mas pode ser em determinados casos. Há alguma correspondência entre os períodos simbióticos e de separação-individualização do desenvolvimento individual, por um lado, e a posterior experiência estética, do outro. Conflitos e fantasias antigos podem facilmente ser ativados e, em alguns casos, tornar disponível para o contato humano a substituição artística. Essa correspondência, no entanto, não significa que a música possa ser reduzida a uma expressão de conflitos humanos antigos e a fonte de posteriores atividades musicais, algo que Rose assinala. Apesar disso, podemos falar de uma inerente continuidade entre a música e outras atividades estéticas e o restante da vida e da cultura. A música realmente faz parte da criança.

Limitações de espaço impedem uma discussão das implicações educacionais desse trabalho. Deve ser mencionado, no entanto, que a tradicional educação musical enfatizava a audição estrutural e intelectual como a ideal, às vezes a tal ponto que seria apropriado falar de uma ansiedade de regressão. Hoje em dia, o foco está se afastando de um ideal baseado nas ciências naturais para uma ênfase na experiência e na empatia (ver Ruud, 1983). O que não é muito discutido, mas deve ser evidente a partir dos conceitos expressados nesse trabalho, é a necessidade de se pensar na competência do treinamento do educador musical dentro de orientações bem diferentes das existentes nos dias de hoje.

Bibliografia

Broudy, H. S.: "How Basic is Aesthetic Education or Is Rt the Fourth R?" *Council for Research in Music Education*, Bulletin N? 57, 1978.

Dissanayake, Ellen: "Aesthetic Experience and Human Evolution". *Journal of Aesthetics and Art Criticism*, XLI, 1982, 145-155.

Elliot, D. J.: "The Role of Music and Musical Experience in Modern Society: Toward a Global Philosophy of Musical Education". *Music Education*, N? 1. 1975.

Freud, S. (1905): "Jokes and Their Relation to the Unconscious". *Standard Edition*, 8. Londres, Hogarth Press, 1960.

———. (1908): Creative Writers e Day-Dreaming. *Standard Edition*, 9:142-153. Londres, Hogarth Press, 1959.

———. (1914): "The Moses of Michelangelo". *Standard Edition*, 13:211-238, 1962.

Gardner, H.: *The Arts and Human Development*: A Psychological Study of the Artistic Process. Nova York, Wiley, 1973.

Kaplan, Louise J.L: *Oneness and Separateness: From Infant to Individual*. Nova York, Simon and Schuster, 1978.

Kohut, H.: Observations on the psychological functions of music. In *Am. Psychoanalytical Association*, 5, 389-407, 1957.

Kramer, Edith: *Childhood and Art Therapy*. Nova York, Schocken Books, 1979.

Mahler, Margaret S, Pine, F & Bergman, Anni: *The Psychological Birth of the Human Infant*. Londres, Hutchinson, 1975.

Rose, Gilbert: *The Power of Form: A Psychoanalytic Approach to Aesthetic Form*. Nova York, International Universities Press, 1980.

Rycraft, C.: *A Critical Dictionary of Psychoanalysis*. Londres, Nelson, 1968.

Scruton, R.: *The Aesthetic Understanding*. Londres, Methuen, 1983.

Serafine, Mary Louise: "Cognitive Processes in Music: Discoveries vs. Definitions". *Bulletin of the Council for Research in Music Education*, 73, 1983, 1-14.

Serafine, Mary Louise: "Cognition in Music". *Cognition*, 14 (1983) 119-183.

Spitz, Ellen E.: "The Past of illusion: A Contribution of Child Psychoanalysis to the Understanding of Aesthetic Experience". *Journal of Aesthetic Education*. N? 4, 1982, s. 59-69.

Winnicott, D. W.: "Transitional Objects and Transitional Phenomena". *International Journal of Psycho-Analysis*, 34 (1953), 89-97.

_____. *Playing and Reality*. Londres, Tavistock, 1971.

Koestler, Arthur: *The Act of Creation*. Nova York, McMillan, 1964.

HANS SIGGAARD JENSEN

Música e Saúde na
Sociedade Pós-Moderna

Um traço característico do modernismo tem sido sua concentração em concepções expressivas da arte. Esse fato teve início com as concepções românticas de arte e música, prolongando-se pelo século passado e atingindo seu ápice nas tendências modernistas desse século. A arte, e talvez especialmente a música, é concebida como uma atividade essencialmente expressiva. Na estética, esse conceito é freqüentemente vinculado às concepções psicanalíticas da atividade expressiva como "ab-reação". A música é compreendida, portanto, como uma atividade expressiva essencialmente vinculada à manifestação de emoções. Daí o lugar-comum da música como linguagem das emoções. O modernismo se ocupa com o eu ou com o eu enquanto projeção de si mesmo em tudo o mais. Desse modo, tanto na poesia quanto na pintura e na música, o modernismo é concebido como uma auto-realização básica, e, na arquitetura e no *design*, como a criação básica de um mundo artificial moldado segundo formas ideais, expressando o aspecto não natural do homem. O modernismo, portanto, concretiza o ideal liberal de auto-realização.

A concepção expressiva e emotiva da música se estende a determinadas concepções da musicoterapia. Se a concepção de doença mental está ligada às deficiências da vida emocional e expressiva de uma pessoa, a musicoterapia, então, pode ser compreendida através de uma teoria de orientação psicanalítica relacionada ao manejo da energia emotiva. O que se torna difícil é o conceito e o papel da simbolização. Naturalmente, também surgem problemas decorrentes da co-

157

municação musical, uma vez que a comunicação pressupõe um código comum e, desse modo, algum tipo de linguagem. Essa situação já está implícita, também, como um problema na concepção da música como a linguagem das emoções. A musicoterapia, portanto, deve estar vinculada a algumas formas de compreensão não-simbólica de processos reprimidos, ou então deve-se postular a existência de alguma forma de simbolismo universal ou, pelo menos, um tipo de linguagem universal simbólica vinculada à música. A compreensão da doença mental implícita é aquela que focaliza uma espécie de vida interior perturbada, ligada principalmente a uma vida emocional um tanto transtornada, e portanto a terapia conveniente é a que consegue restabelecer o livre fluxo da energia psíquica emotiva. A maneira como essa situação pode ser compreendida ou atingida não é tão clara.

O conjunto de conceitos psicanalíticos pode nos conduzir a um determinado caminho de compreensão da música, mas os problemas de significado e simbolismo, tão básicos na psicanálise, ainda são um tanto ambíguos em relação à música. Esse fato ocorre porque confiamos profundamente na concepção romântica da música, em que a música é de certa forma vista como algo capaz de ligar a vida interior do ser humano a esferas mais ideais da existência. A concepção romântica da música situa as experiências humanas essenciais e os fenômenos na arte e, talvez especialmente na música, que é a arte romântica quintessencial.

A arte, no entanto, também é um fenômeno cognitivo. A arte não é apenas uma expressão emocional, mas também, e principalmente, uma maneira de compreender a realidade. Através da atividade artística e da percepção da arte chegamos a ver e compreender coisas que, de outro modo, não compreenderíamos. Esse aspecto epistêmico ou cognitivo da arte tem sido enfatizado por outras teorias estéticas além da romântica, embora ele também faça parte de certas concepções românticas da arte (por exemplo, Schiller nas suas perspectivas quanto à educação estética do ser humano). Esta é, mais ou menos, uma tendência clássica na concepção da arte. E embora Platão visse a arte e, particularmente a música, como uma atividade pouco elevada, até perigosa, ela ainda é mimética e, desse modo, propicia uma possível introvisão do mundo das formas (formas platônicas). A apreciação artística mudou no Renascimento e se tornou uma maneira essencial de abordar e compreender o mundo.

Podemos pois afirmar que temos duas tendências opostas. Uma que se concentra na expressão de uma necessidade emocional interna e outra que se concentra na apreensão de uma realidade externa. Nenhuma arte é apenas passiva. Se nos concentramos na criação e na execução da arte ou na vivência de um leitor, espectador ou ouvinte, devemos compreendê-la em termos de atividade. Também é evidente, em todas as concepções artísticas, que a comunicação da informação ou da experiência é essencial. A música, a poesia e a pintura são fenômenos de comunicação. A arte, portanto, é determinada por todos os fatores essenciais que constituem e limitam a comunicação. Sou de opinião de que a arte, e portanto também a música, deve basicamente ser compreendida através de categorias de atividade e comunicação. Essas são necessárias, mas, sem dúvida, não são suficientes.

Pode-se também perceber que a comunicação não é um fenômeno passivo. Ela pressupõe pessoas envolvidas numa atividade comunicativa dentro de uma situação de comunicação. Toda comunicação pressupõe também uma forma de passividade, a compreensão. Quero acentuar, no entanto, que a compreensão é um fenômeno muito diferente da satisfação do prazer, que eu considero a passividade básica. Eu poderia me satisfazer com a atividade, com a compreensão, etc.; todas elas estão essencialmente ligadas à atividade humana, mas a satisfação da sensação de prazer é o exemplo paradigmático de passividade. Atividade e comunicação estão essencialmente envolvidas em nossa compreensão de saúde e doença. A deficiência em nossos potenciais de ação e comunicação são fatores essenciais na doença.

A música, de um modo geral, não é uma atividade discursiva. Isso significa que a música não pode ser analisada como uma atividade que utiliza uma linguagem no sentido restrito. O discurso é a utilização da linguagem em uma situação comunicativa, onde a aplicação de conceitos é essencial. O discurso, portanto, pressupõe uma série comum de conceitos, e se revela na possibilidade de compreensão. É o que percebemos nas situações paradigmáticas tais como diálogos. A música, no entanto, é freqüentemente descrita através de termos de um contexto lingüístico. Por exemplo: se alguém afirmar que a música é uma linguagem de emoções, aquele que não seja a favor de uma concepção puramente emotiva da música deve explicá-la apontando sua qualidade não-discursiva, sua abstração (a música não descreve ou imita de maneira direta algo material/natural existente — se ela denota alguma coisa, trata-se de entidades abstratas) e seu papel em uma situação comunicativa cognitiva.

Acho que, nesse momento, um fato histórico pode ajudar a mostrar o caminho. Até meados do século XVII, havia uma estreita relação entre a compreensão da música e da matemática. Embora a matemática fosse principalmente geométrica, isto é, num sentido visual, havia um setor, a teoria das proporções, que estava intimamente vinculado à música. Esse fato, sem dúvida, conforme já é bem conhecido, nos leva de volta aos pitagóricos. No entanto, também demonstra que a música se relaciona com os setores mais algébricos e aritméticos da matemática. Esses podem ser compreendidos na sua relação com o fato de que os fenômenos mentais devem ser compreendidos, primordialmente, como fenômenos no tempo. Kant, naturalmente, foi a primeira pessoa a tornar essa questão fundamental. Minha hipótese, então, é que a música se relaciona estreitamente com a compreensão da existência no tempo. O conteúdo cognitivo da música nos propicia, dessa forma, uma melhor compreensão do que significa ser uma criatura vivendo no tempo, um tempo que é exatamente tão imaterial quanto a música. O tempo, além do mais, é uma condição tão fundamental de nossa existência que seria impossível propiciar tal compreensão através de meios puramente discursivos. Ademais, acho que tal compreensão da música é plenamente compatível com o fato de que existe uma íntima relação entre música e emoções. A questão é que isso realmente não nos transmite, de modo nenhum, a função essencial da música.

No que se refere à comunicação e à música, podemos afirmar que música não é uma linguagem no sentido lingüístico. Ela não tem sintaxe nem semântica que se assemelhe ao que encontramos em linguagens naturais. Ela também não se aproxima de uma linguagem formal, porque não existem regras de gramática. As regras, ao contrário, são freqüentemente estabelecidas num universo de figuras sonoras apenas para serem quebradas. Por outro lado, a música tem algo a ver com comunicação. Ela realmente diz respeito às condições da comunicação. Como proposição ou discurso, ela não tem sentido; apenas através da utilização de metáforas podemos descrever o que é dito na música. Ela tampouco se assemelha à poesia, onde a existência de um sentido de linguagem desenvolvido é essencial. A semântica da música é complicada. É impossível falar sobre verdade ou falsidade, conceitos semânticos básicos, porque não há mundo, não há modelo em que as proposições possam ser verdadeiras ou falsas. A música estabelece seu próprio mundo de referência. Ela é um sistema de referências internas, e como tal a semântica tem que ser compreendida. Trata-se, sem dúvida, de uma estrutura familiar na teoria da estética — nós a encontramos nos conceitos de Roland Barthes acerca da estrutura da linguagem literária. A diferença é que não existe, naturalmente, nenhuma linguagem anterior que possa ser utilizada, apenas uma situação concreta histórica ou cultural que também produz música. Desse modo, uma questão essencial é que a comunicação musical não conta com um sistema ou estrutura que proporcionem uma série de significados e expressões, que possam ser utilizados por uma comunidade de usuários da linguagem. No en-

160

tanto, existe uma série de tipos ou estilos anteriores de música, de certa forma uma tradição, e em relação a isso uma estrutura pode ser construída com suas próprias referências internas. Esse fato, ademais, coloca a música, em essência, como uma forma de arte que tem a ver com tempo oportuno também na sua forma de historicidade.

Se alguém observar as conseqüências da nossa compreensão da musicoterapia, ela aponta na direção de uma teoria onde o estabelecimento de condições e possibilidades de comunicação é fundamental. Ela também aponta na direção do estabelecimento de estruturas de tempo em relação à subjetividade. Se, mais uma vez, considerarmos que a doença envolve, em muitos casos, distúrbios na capacidade de comunicação, podemos perceber a aplicabilidade da musicoterapia. Não se trata de uma forma de terapia que utilize discurso, diálogo, linguagem, nem que possa ser compreendida através de uma revisão das emoções ou de fenômenos que estejam revestidos de conteúdo emocional. As emoções, evidentemente, como na música de um modo geral, representam um importante papel, mas é sua organização ou estrutura que propicia o elemento essencial. Nesse sentido, também é preciso compreender que a música ocorre no que Jacques Lacan denomina a ordem simbólica, embora ela não seja simbólica no usual sentido ego-psicanalítico. Ela está ligada ao estabelecimento de estruturas de referência e significado num contexto temporal e histórico, sem pressupor a existência anterior de uma estrutura sintática e semântica.

Se eu observar algumas tendências essenciais de nossa sociedade atual, perceberei duas tendências essencialmente opostas. Uma é a tendência a uma cultura mais e mais narcisista. Esse enfoque foi assinalado tanto pelos críticos americanos quanto alemães da cultura atual. Por exemplo, Lasch. Zieche, além do mais, relata claramente essa tendência em direção ao estabelecimento da identidade pessoal através da música, principalmente a audição de música, isto é, o passivo deleite com a música. O novo caráter narcisista resulta de mudanças fundamentais em nossa sociedade e em nossas normas culturais. Caracteriza-se por egocentrismo, por uma falta de responsabilidade moral e ênfase na satisfação aqui e agora. E, em nosso contexto, talvez principalmente uma ligação com um tipo de satisfação e identificação que utiliza a música, na medida em que ela pode ser utilizada para estruturar modelos no processo primário''. Zieche e outros acreditam que são as qualidades da música que se ligam a uma vida interior difusa que tornam a música tão característica e paradigmática da cultura narcisista. A propósito, a mesma tendência podia ser percebida na música romântica, que era basicamente uma forma artística de caráter privado, que ocorria no seio familiar, isto é,

161

num contexto determinado principalmente por uma lógica de intimidade que, em alguns casos, não partilhava dos traços de uma racionalidade publicamente estabelecida. Evidentemente o "narcisismo" é por si só um conceito psicanalítico, que apenas tem significado num contexto onde a teoria psicanalítica seja bastante aceita. No entanto, essa parte da teoria também pressupõe que o que realmente importa é o desenvolvimento de uma capacidade para enfrentar uma forma pública de racionalidade, determinada pelo "princípio de realidade". Se a música representa esse papel, podemos percebê-la, sob um aspecto um tanto platônico, como algo perigoso. Se compreendemos a música, e portanto também a musicoterapia, de um modo que enfatize o seu lado emotivo, essencialmente irracional, podemos nos inclinar para o narcisismo. A personalidade narcisista precisa, fundamentalmente, penetrar na seqüência simbólica, aprender como estabelecer significados e referências de uma maneira estruturada. Em certo sentido, aprender como utilizar a linguagem. Mas é claro que isso não pode ocorrer através da utilização da linguagem. Se entendemos que a música está vinculada às condições de comunicação, então ela pode representar um papel. O tipo de música característico da cultura narcisista é uma música intensamente dominada por elementos rítmicos e elementos musicais que se abrem à compreensão e à interpretação puramente imaginárias. Dessa maneira, também as palavras em forma de texto, e até as imagens, representam um papel, conforme vemos nos vídeos musicais, que, de certo modo, demonstram a essência da experiência musical narcisista.

Outra tendência de nossa cultura atual é a que está voltada para uma sociedade dominada pela produção automática e informatizada. Um novo tipo de tecnologia da informação, isto é, uma tecnologia da informação que é capaz do manejo independente da informação, está assumindo seu lugar. A antiga tecnologia da informação, como a do telefone, do rádio e mesmo da televisão, tem seu impacto. Para se inteirar do fato, deve-se ler um dos gurus da década de 1960, Marshall McLuhan. A nova tecnologia da informação, no entanto, causará provavelmente um impacto bem maior, pois é capaz, em princípio, de desempenhar todas as manipulações simbólicas que se prestam a um tratamento algorítmico e/ou recursivo. É o que ocorre hoje em dia, conforme realmente sabemos. Algumas pessoas até afirmam que a tecnologia é capaz de fazer o que os seres humanos fazem, até mesmo criar e vivenciar a música. Um dos fundadores do setor de inteligência artificial, um setor-chave na utilização avançada da nova tecnologia da informação, Marvin Minsky, trabalha na compreensão, na vivência e na criação automatizadas da música. Essencialmente, manipulamos símbolos de acordo com regras, símbolos que vemos como entidades representativas no mundo, o concreto e o abstrato. Esse fato significa que um traço característico da sociedade informatizada que está a caminho é o crescente uso de representações abstratas. Estaremos nos relacionando com o mundo mais e mais através de representações do mesmo, de tal forma que nossa interação com a natureza e dela conosco ocorrerá através de representações abstratas. Nós criamos um mundo artificial cada vez mais difuso, embora não necessariamente um mundo de entidades materiais artificiais (um mundo plástico), mas um mundo de entidades abstratas criadas, capazes de serem manipuladas por computadores avançados, portanto, um mundo computável. Esse fato pressupõe formas de conhecimento e de representação que contam com linguagens que são total e claramente definidas. Elas devem ter propriedades sintáticas e semânticas nitidamente definidas para que tenham condições de penetrar e regularizar a interação entre pessoas através de máquinas.

Muitas doenças mentais, como todos sabem, estão vinculadas a deficiências e desintegrações da capacidade comunicativa da pessoa. Basta apenas apontar para uma análise como a que foi feita por Alfred Lorenzer. Se observarmos as duas tendências acima esboçadas, tenho a impressão de que é possível perceber claramente duas tendências opostas que se ligam para originar distúrbios em nossa capacidade comunicativa. Por um lado, nossa sociedade cria pessoas que, de certo modo, não são nem mesmo capazes de elaborar um discurso e, por outro lado, ela necessita cada vez mais de pessoas capazes. É quase uma contradição. A personalidade narcisista está bem próxima do psicótico fronteiriço, e, naturalmente, a pessoa que conta apenas com uma comunicação formal através da máquina está, na verdade, perdendo traços e propriedades essenciais da sua condição de pessoa.

Uma forma de música e um tipo de musicoterapia que assumam o enfoque expressivo emotivo, e não apenas como uma estrutura de análise e compreensão, mas também como uma estética normativa, podem apenas contribuir para o mal-estar.

A sociedade pós-moderna e a condição pós-moderna estão numa situação em que muitos dos objetivos do modernismo são negados. Entre eles, destaca-se o objetivo de criar uma racionalidade abrangente, o domínio da natureza pelo homem e uma forma de experiência e satisfação mais ou menos absoluta, no sentido de que ela poderia se justificar pelos princípios intemporais de racionalidade. Enfocando a estreita relação, conhecida de todos, entre arquitetura e música, gostaria de mencionar, como exemplo, os ideais e visões do arquiteto Le Corbusier. Esta relação está mais evidente nos conceitos que fundamentam seu conjunto habitacional em Marselha, mas também em seu livro *La maison des hommes*, onde ele escreve: "Nessa planície que conduz a Saint-Denis, prejudicada por edificações descaracterizadas, bem distantes dos remanescentes históricos ao longo do rio, quatro construções majestosas se erguerão em breve na direção do céu, como um monumento a uma civilização que não está condenada, mas que estabeleceu novos objetivos. E que, após tantas vitórias científicas, tantos feitos grandiosos, mas também tanta loucura caótica, se revelará uma civilização verdadeira e novamente se tornará um 'lar para a humanidade', um lar para a família, para o trabalho, para instituições, a fé e a reflexão". Trata-se de um manifesto da crença na transformação racional do mundo através da dominação da razão e da ciência. Mas também de um manifesto que em sua modernidade revolucionária, apega-se a valores tradicionais. Conforme sabemos, tudo ocorreu de maneira diferente. Nenhuma racionalidade evidente foi demonstrada no desenvolvimento do mundo desde a década de 1930, quando Le Corbusier escreveu essas linhas. No entanto, a família, o trabalho, as instituições, a fé e a reflexão mudaram bastante, embora isso tenha ocorrido num mundo em desenvolvimento tão caótico quanto as edificações na planície que conduz a Saint-Denis. E os únicos prédios majestosos em Paris são os de La Defense, e penso que ninguém os consideraria uma vitória da razão sobre a irracionalidade — pelo contrário.

Naturalmente, isso não quer dizer que nós, na era pós-moderna, iremos negar todos os valores do modernismo. Não iremos mergulhar no mundo irreal do narcisismo, nem nos render ao artificialismo em forma de máquinas e nem nos tornar meros apêndices de uma racionalidade tecnológica que nega as contradições e rupturas essenciais na racionalidade humana, as rupturas e contradições (*coupure* em francês) nas quais a arte floresce. A era pós-moderna se harmoniza com todos os critérios tradicionais de saúde e doença e psicose coletiva, em que os aspectos fundamentais de humanidade são negados. É natural que a busca da racionalidade que se fecha na forma da modernidade conduza à sua própria caricatura. Torna-se importante, então, focalizar, entre muitas outras coisas, a forma de arte que, mais do que qualquer outra, é típica da era narcisista pós-moderna, a música, na forma como é vivenciada e utilizada na sociedade atual. (Não me refiro à música moderna composta, que não representa quase nada como expressão de nossas condições.) Parece-me imperativo insistir nos aspectos cognitivos da música e tudo o que disso decorre, por exemplo, em relação à compreensão da musicoterapia. Podemos obviamente contribuir para o desenvolvimento da irracionalidade se, por um lado, criamos seres humanos que se inclinam a formar sua identidade a partir de computadores, e então, devido à unilateralidade de sua situação comunicativa, apenas expressam suas frustrações e lidam com elas através do passivo deleite narcisista de um tipo de música destinada apenas a ser utilizada para tal satisfação de necessidades. Se compreendermos a música desse modo e exercermos a musicoterapia de maneira semelhante, estaremos contribuindo para o mal-estar humano. Temos que insistir na essência cognitiva, comunicativa, da música, senão ela perderá cada vez mais significado como uma atividade e um fenômeno social. E é isso que vemos hoje em dia: a música é um grande negócio, mas, por outro lado, está vazia de significado.

Na década de 1960, apogeu do modernismo, Michel Butor, um dos fundadores da forma quintessencial de modernismo, o "*nouveau roman*" francês, escreveu um ensaio sobre música. Ele o denominou "Música, a arte realista". Nesse ensaio, Butor concebe a música como arte essencial pelo bem das artes, forma artística que se fundamenta inteiramente em si mesma, algo basicamente incapaz de compreensão e explanação. Ele demonstra que essa reflexão se apóia em tácitas hipóteses irracionais (apesar de sua atitude positiva em direção à música moderna na forma de Stockhausen e Boulez). Butor nunca perde de vista que, por outro lado, trata-se do aspecto cognitivo da música, ligando-se, sem dúvida, à sua própria concepção de arte, em seu caso, o romance, como sendo basicamente descrição, baseada em percepção. O que ele não percebe é que a música não descreve um mundo concreto, o que resultaria na mais inconsistente música programática, mas estabelece e ensina condições de comunicação, de existir no tempo. Suas palavras finais são verdadeiras, mesmo em nossa sociedade pós-moderna de informação: "Poesia não é luxo, pintura não é luxo. A música não é um passatempo com que o diletante, o 'amante da música', possa se livrar de tais reflexões. A música é indispensável à nossa vida, à vida de todos nós, e nunca precisamos tanto dela como agora".

EVEN RUUD

Música como um Meio de Comunicação
Perspectiva a Partir da Semiótica e da Comunicação

> *"Você pode levar um cavalo até onde houver água, mas não pode fazê-lo beber. Beber fica por conta dele. Mas mesmo que seu cavalo esteja com sede, ele não poderá beber a não ser que você o leve até lá. Levá-lo fica por sua conta".*
>
> Bateson, 1980

Um problema básico na musicoterapia é explicar o modo pelo qual a música pode vir a atuar como um meio de comunicação, ou como se constitui essa situação comunicativa. Para que se compreenda isso, parece ser necessário pesquisar a natureza da música e da comunicação musical — em vez de buscar apoio na teoria de tratamento, como ocorre freqüentemente.

Há em nossa cultura uma forte tendência a considerar a música como uma espécie de representação da dinâmica da vida interior — isto é, das emoções. Algumas teorias consideram a música análoga às emoções — um reflexo delas. Mas nem todas as teorias estão de acordo sobre até que ponto a música "reflete" a emoção, isto é, se essa analogia deve ser levada ao pé da letra ou simplesmente tomada como uma metáfora.

Na musicoterapia, onde a questão da comunicação musical é uma questão prática, ou uma questão de como estabelecer, manter e desenvolver a comunicação através da intervenção de parâmetros musicais, há uma tendência a considerar a relação música-emoção como concreta e direta. Se a música é vista como uma representação não-verbal da emoção — ou a estrutura de uma emoção —, temos a possibilidade de nos ocupar de uma espécie de atividade comunicativa onde a música atua como um veículo de comunicação direta com uma pessoa no nível emocional ou, geralmente implícito, "no nível natural".

Essa hipótese pressupõe que existe na pessoa um nível — o emocional — que não é transformado pela cultura, uma espécie de "panorama" interior biológico, ou pré-programado, com o qual podemos nos comunicar diretamente. A hipótese é apoiada, por exemplo, por uma teoria da emoção que considera as emoões qualidades pré-programadas (ver Clynes, 1977).

Tal hipótese, no entanto, parece misturar as condições necessárias para reconhecer diferenças no "panorama emocional" com as condições suficientes para explicar por que percebemos emoções diferentes. A teoria não consegue distinguir entre a identificação (compreendida como categorização) e discriminação da emoção (ver Eco, em Blonsky, 85 : 158).

Meu ponto de vista é que, a fim de identificar ou considerar a música como representação de uma emoção específica, precisamos também fazer uma leitura do contexto ou código cultural onde ocorre essa identificação.

Esse não é um argumento contra a possibilidade de se utilizar a música como meio de comunicação não-verbal. É preferível acentuar a questão de que a atividade musical é uma atividade baseada em normas culturais que orientam nossa percepção de elementos musiciais. Trata-se dessa forma, de um argumento contra a tendência em direção à "naturalização" da "linguagem" musical, que em geral está implícita nas teorias acerca da comunicação musical.

A analogia emoção — percepção/cor — percepção pode nos levar a compreender que a percepção da emoção é uma questão cultural. Se o reconhecimento da emoção é considerado uma questão cultural — e se, em nossa cultura, a música é considerada uma espécie de representação de emoções —, podemos vir a demonstrar de que modo a música constitui um importante meio para definir e identificar o panorama interno denominado emoções. Uma vez que nós, evidentemente, não temos nenhum acesso direto à vida interior de outras pessoas e, portanto, nenhum modo de saber se nossas emoções são as mesmas sentidas por outros membros de nossa cultura, necessitaremos de "objetos" do mundo exterior que "apontem na sua direção", a fim de que possamos identificar e categorizar as diferenças nesse panorama interior.

Percebemos que, embora a vida emocional — ou mais precisamente as diferenças estruturais no panorama emocional — possa ser condicionada por processos biológicos ou neurofisiológicos, necessitaremos de meios para selecionar quais diferenças serão colocadas em quais categorias. Esse argumento torna acessível uma pesquisa do discurso cultural que cerca a expressão musical. Em outras palavras, comunicação através de música — considerada de um ponto de vista estético, e não terapêutico — é uma maneira importante de definir, diferenciar, pesquisar e apontar nuances na vida interior, ou trazer à baila áreas até então não pesquisadas nesse panorama.

Se aceitarmos que essa vida emocional interior está, de algum modo, relacionada com um amplo conceito de saúde, podemos perceber de
que modo a música se torna de importância vital para nossa cultura.

Há outra questão: saber se a representação de emoção é o melhor meio de considerar a música. Conforme já vimos nesse livro, há também uma tendência de considerar a música como uma representação da estrutura de um diálogo anterior entre criança-adulto, ou como uma representação do conceito mais abstrato de "tempo".

Se a música não é linguagem "natural" — algo análoga à estrutura das emoções —, como podemos então explicar de que modo a comunicação musical é possível? Se a outra pessoa não estiver reconhecendo e reagindo às qualidades equivalentes à estrutura emocional, como poderemos explicar — fato demonstrado freqüentemente na prática da musicoterapia — que a comunicação se estabeleça e se desenvolva através de meios musicais?

O diálogo musical

"Uma consciência, não importa como seja constituída, pode 'saber' repetições, invariâncias e regularidades apenas como resultado de uma comparação; por outro lado, ela mostra que uma decisão deve sempre preceder a adequada comparação, caso as duas experiências a serem comparadas devam ser consideradas ocorrências de um mesmo objeto ou de dois objetos separados. As decisões determinam o que deve ser categorizado como objetos unitários "existentes" e quais as relações entre eles. Através dessas determinações, a consciência que vive a experiência cria *estrutura* no fluxo de sua experiência, e essa estrutura é o que os organismos cognitivos conscientes vivenciam como "realidade" — e uma vez que essa realidade é quase inteiramente criada, sem a percepção de quem vivencia a experiência, ou sua atividade criativa, ela parece ser proporcionada por um "mundo existente" de maneira independente. (Von Glaserfeld, em Watzlavick, 84).

Para exemplificar de que modo, em geral, desenvolvemos competência na comunicação através da música, musicoterapia serve de bom exemplo. Nosso ponto de partida é a improvisação (ver Nordoff e Robbins, 1977), maneira possível de estabelecer uma situação onde duas pessoas, com diferentes antecedentes musicais, são capazes de interagir ou de se comunicar.

As pessoas que participam da improvisação musical em musico-terapia parecem ter, com freqüência, antecedentes musiciais bem diferentes. Esse fato ocorre especialmente na musicoterapia com crianças.

O adulto — ou o terapeuta — geralmente tem uma sólida formação musical, isto é, determinadas habilidades técnicas e musiciais para expressar um variado espectro de expressões musicais. As crianças, por outro lado, apresentam intensas variações no que se refere à sua habilidade ou competência musical.

Um extremo pode ser observado em crianças que não têm praticamente nenhuma experiência musical (se isso for possível em nossa sociedade). Esse fato significa que elas chegam sem nenhuma idéia, ou pelo menos sem uma idéia muito rígida sobre o que a música pode ou deve ser. Em outras crianças, encontraremos graus variáveis da habilidade em dominar códigos musicais num nível próximo ou igual ao do musicoterapeuta.

Refletirei, a seguir, sobre a situação em que o musicoterapeuta se confronta com uma criança com pouca ou "nenhuma" qualificação musical.

Para uma criança sem nenhuma experiência musical, se conseguirmos imaginar tal pessoa, os sons produzidos pelo adulto podem parecer sem sentido, isto é, eles parecerão desordenados, desconectados, sem intenções definidas.

— Por que aquela pessoa está tocando aquela "mesa"? O que vou fazer com esses "pauzinhos"? Por que devo bater nessas caixas redondas? — pergunta a criança.

O que podemos imaginar é que o próprio som é que fascina a criança em primeiro lugar. O "som" em si mesmo, a qualidade da "diferença" de outros "sons mais diários" é que atrai a atenção. O timbre do som de um determinado instrumento também é utilizado pelo musicoterapeuta para despertar a atenção (ver Naess, neste livro). No início de uma situação musicoterápica, o primeiro passo seria atrair a atenção da criança utilizando sons diferentes de qualquer som que ela tenha ouvido.

No entanto, até agora o adulto não conseguiu mais do que fascinar, despertar atenção, focalizar a percepção da criança na direção de um aspecto que o cerca. Podemos argumentar que isso pode ter uma "qualidade terapêutica" em determinados contextos — apesar de um valor (terapêutico) limitado, se quisermos que a criança atue de maneira intencional em certos aspectos.

Em outras palavras, o que desejamos é que a criança mostre que compreendeu que um som pode se combinar com outro som de um modo que tenha significado. Dessa forma, pelo fato de sermos membros de uma determinada cultura musical, aprendemos as regras de como os sons podem ser combinados. Dominamos os conceitos ou "estruturas" de como as conexões entre os sons podem ser percebidas, interpretadas e compreendidas.

O que nos parece tão evidente, como as possíveis e previsíveis conexões entre os sons musicais, pode, no entanto, não ser necessariamente percebido pela criança. Nosso problema não é apenas tentar conseguir que a criança compreenda ou perceba o nosso conceito de ordem, nossas maneiras de combinar os sons musicais. Também temos que fazer com que ela compreenda que há algo para ser compreendido como ordem''.

Colocando de outro modo: não daremos à criança apenas as pressuposições de participar de uma determinada cultura musical, mas também as qualificações necessárias para compreender que é possível criar uma ordem entre sons que possa ter significado.

Torna-se pouco provável imaginar que a criança possa perceber essa ordem possível sem a existência de determinadas características biológicas comuns aos seres humanos. Tais similaridades, no entanto, não exigem mais do que a capacidade de ouvir diferenças e perceber que esses estímulos diferentes podem fazer surgir certos padrões.

Somos impelidos a supor que essa percepção de "padrão" é possível a todas as pessoas, que encontramos interesse e prazer em nos apegarmos a tais padrões, seguir desenvolvimentos em organização de padrão, combinar padrões, prever a sua continuação ou dispô-los num todo mais amplo.

Se esse nível de atenção for alcançado, isto é, se a criança for capaz de perceber diferenças, poderemos prosseguir na especulação de como se dá a situação comunicativa.

Pontuação

Podemos ter condições de compreender esse desenvolvimento adicional observando mais de perto a interação musical. Podemos imaginar uma "corrente de sons" indo e vindo, na criança e no adulto. O que talvez aconteça é o adulto logo ouvir certos padrões melódicos e rítmicos, um certo fraseado melódico, uma expressão dinâmica, e daí por diante. A improvisação é significativa para o adulto porque pode ser compreendida e percebida dentro de uma certa estrutura ou de um contexto cultural musical.

Ao mesmo tempo, no entanto, a improvisação pode ser frustrante em virtude da falta de seqüência nesse intercâmbio de sons. O adulto tem que estar sempre mudando de perspectivas, a fim de chegar aos estímulos e interpretá-los de modo que sejam percebidos com significado. O adulto buscará uma perspectiva ou uma estrutura musical de referência a que se apegar, um determinado modo de dispor os sons ou padrões numa certa ordem.

Nesse livre intercâmbio de sons, a criança ou o adulto começará logo a acentuar o momento em que certo padrão pára ou inicia. Em outras palavras — sinalizar que haverá um padrão ou como ele é constituído. Estamos numa fase de "pontuação" (Watzlawick,

1976), colocando "ponto" e "vírgula" ou, de algum modo, tentando estabelecer uma espécie de acordo no que se refere à ordem a ser seguida.

Guiando-se por esse procedimento, o adulto precisa ser cuidadoso ao criar essas regras de pontuação compreensíveis à criança. Pelo fato de nos encontrarmos em um diálogo, devemos criar regras que a criança venha a compreender.

A música em si mesma — ou a improvisação — torna possível um número ilimitado de sistemas de pontuação. Imaginemos que nessa corrente de sons apareçam diferenças na altura, na intensidade, no timbre, na dinâmica — para mencionar as mais importantes.

Um padrão rítmico como xxxoxxxoxxxo pode ser percebido como um padrão, especialmente se for executado como xxxOxxxOxxxO. Se, além disso, colocarmos um novo timbre no O, como xxxØxxxØxxxØ, ou acentuarmos ambos em termos melódicos e harmônicos, como xxxØxxxØxxxØ, as possibilidades aumentarão, até que, mais cedo ou mais tarde, a criança perceba uma figura como um determinado padrão e passe a esperar uma progressão similar no diálogo musical.

Poderíamos afirmar que, nesse momento, criamos uma "estrutura" dentro da qual a música será percebida. Proporcionamos à criança uma certa perspectiva de onde dispor a música; ordenamos e pontuamos as impressões sonoras de tal modo que um certo significado só será possível se essa ordem for seguida.

A violação dessa ordem — xxØxØxxxØ — pode levar à confusão, a uma nova orientação. Mas já teremos avançado em nosso esforço de estabelecer uma situação comunicativa. Sabemos que se a criança seguir esta ordem — que nós controlaremos de maneira empírica quando a criança tocar o tambor no "lugar certo" na improvisação —, a criança não só terá aprendido as regras ou códigos para a comunicação musical, mas também as regras para a comunicação de um modo geral. A criança terá vivenciado o significado de estar envolvida no ato de preencher, aumentar, desafiar e, talvez, mudar essa ordem.

Essa análise "formal", naturalmente, não faz juz à experiência rica, emocional — às vezes "máxima" — que a criança pode vivenciar nessa comunicação musical.

O que pode ocorrer no desenvolvimento posterior em tal atividade improvisada é que a criança, ao superar frustrações devido às inumeráveis possibilidades de organização que são vivenciadas, começa a ter prazer e ver sentido em se juntar ao adulto na criação de novas regras de pontuação e no desenvolvimento de novas perspectivas na organização do material musical. Sabemos, a partir da musicoterapia, que um longo período de improvisação pode vir a seguir, e que essa improvisação pode ser percebida como uma busca nas possibilidades de organização.

Torna-se fácil exemplificar, também, como essas improvisações podem vir a ilustrar a comunicação em geral, em que a criança ou o adulto tome a iniciativa, isto é, uma situação comunicativa tanto de caráter simétrico quanto complementar.

Relato

Retornando ao ponto de partida, possivelmente viemos a compreender de que modo padrões são estabelecidos como um código ou estrutura a partir do qual são estabelecidos como um código ou estrutura a partir do qual se organizam os sons. Parece de igual importância o modo como os sons utilizados na comunicação podem apresentar um "conteúdo" extraído da situação — a interação divertida entre a criança e o adulto.

Conforme vimos neste livro, a organização dos sons que denominamos música tem suas raízes no diálogo inicial entre a criança e a mãe/pai. Pode-se afirmar que o som estrutura o padrão comunicativo — ou estrutura do tempo — entre os participantes do diálogo. De que modo abordaremos a música posteriormente, ou como esses sons estão representados em nossa consciência, parece depender do contexto social em que vivemos e vivenciamos a música e da linguagem que utilizamos para descrever esses sons.

Bibliografia

Bateson, Gregory (1980): *Mind and Nature. A necessary unity.* Fontana/Collins.

Clynes, Manfred (1977). *Sentics, the Touch of Emotions.* Anchor Press/Doubleday, Nova York.

Eco, Umberto (1985): "How Culture Conditions the Colours We See", in Blonsky, *On Songis.* Basil Blackwell.

Glaserfeld, Ernst von (1984): "An Introduction to Radical Constructivism", in Watzlawick (org.) *The Invented Reality*, Norton & Company, Nova York.

Nordoff, Paul e Clive Robbins (1977): *Creative Music Therapy*, The Johns Day Companhy, Nova York.

Watzlawick, Paul (1976): *How real is real? Confusion, Disinformation, Communication.* Vintage Books, Nova York.

Colaboradores

Claus Bang, musicoterapeuta e professor para surdos na Aalborgskolen, escola de educação especial para pessoas portadoras de deficiência auditiva e deficiência múltipla, Aalborg, Dinamarca.

Hans M. Borchgrevink, Oslo, Noruega

Leslie Bunt, Ph. D., psicólogo e musicoterapeuta, Centro de Musicoterapia de Bristol, Inglaterra.

Isabelle Frohne, gestalt-terapeuta, musicoterapeuta, professora assistente na Musikhochschule, Hamburgo, Alemanha.

Hans Siggaard Jensen, filósofo da ciência, Aalborg Universitetscenter, Aalborg, Dinamarca.

Unni Johns, musicoterapeuta, Østlandets Musikkonservatorim, Oslo, Noruega.

Christopher Knill, B.A., membro pesquisador do Instituto Norueguês de Graduação de Educação Especial, Noruega.

Marianne Knill, musicoterapeuta, licenciada no N.M.L.F., Noruega.

Albert Mayr, compositor, professor no Conservatório de Florença, Itália.

Tom Noess, musicoterapeuta, Østlandets Musikkonsercatorium, Oslo, Noruega.

Even Ruud, M.M., Instituto de Musicologia, Universidade de Oslo, Noruega.

Bertil Sundin, psicólogo, Universidade de Estocolmo, Suécia.

Alfred A. Tomatis, diretor do Centro Tomatis, Paris, França.

Jacques Vilain, doutor em psicologia, diretor do Centro de Audiopsicofonologia, Bruxelas, Bélgica; conferencista no Centro Tomatis, Paris.

www.gruposummus.com.br